河北省石家庄市
耕地质量评价与改良利用

◎ 张瑞芳　李娟茹　王　红　李旭光　等 编著

中国农业科学技术出版社

图书在版编目（CIP）数据

河北省石家庄市耕地质量评价与改良利用／张瑞芳等编著. —北京：中国农业科学技术出版社，2020. 8

ISBN 978-7-5116-4886-0

Ⅰ. ①河…　Ⅱ. ①张…　Ⅲ. ①耕地资源-资源评价-石家庄②耕地资源-资源利用-石家庄　Ⅳ. ①F323. 211②F327. 221

中国版本图书馆 CIP 数据核字（2020）第 131255 号

责任编辑　徐定娜　李　雪
责任校对　李向荣

出 版 者　中国农业科学技术出版社
北京市中关村南大街 12 号　邮编：100081
电　　话　（010）82105169（编辑室）（010）82109702（发行部）
（010）82109709（读者服务部）
传　　真　（010）82106650
网　　址　http：//www.castp.cn
经 销 者　各地新华书店
印 刷 者　北京建宏印刷有限公司
开　　本　787mm×1 092mm　1/16
印　　张　12. 25
字　　数　267 千字
版　　次　2020 年 8 月第 1 版　2020 年 8 月第 1 次印刷
定　　价　48. 00 元

河北省石家庄市耕地质量评价与改良利用

编　委　会

河北省石家庄市耕地质量评价与改良利用

编著人员

主 编 著： 张瑞芳　李娟茹　王　红　李旭光

副主编著： 张广辉　宋小颖　张海燕　弓运泽　赵　斌

编著人员：（排名不分先后）

许永红　王秀艳　丁月芬　董　静　范战胜　孙志军
赵辉娟　张　建　何　煦　侯大山　刘　强　刘鑫翠
常苑苑　高　倩　李　光　张　辉　韩江伟　张立波
任素梅　何飞飞　田菲菲　李建波　尤军联　孙苏卿
董淑红　张立宏　赵广军　杨海如　王书巧　赵青会
李亚芹　刘丽云　李建玲　耿丽艳　孙力培　杨克力
张月巧　杨　硕　张　弛　秦　焱　张新仕　王鑫鑫
杨庆鹏　夏新月　王　蕾　吴芷均　钮　琪　朱　岩
宋美荣　王伟军　王玉秀　刘晓丽　张小桐　张　惠
许　刚

序

“万物土中生，有土斯有粮”。耕地是最宝贵的农业资源和重要的生产要素，耕地质量事关粮食和农业的产出能力。耕地质量好坏已经成为能否实现农业保供给、保收入、保生态目标的决定性因素。保护耕地一项重要的任务，就是摸清耕地质量家底，开展耕地质量调查监测与评价。只有搞好耕地质量调查监测与评价，耕地保护才有抓手，农业的基础才能牢固，国家粮食安全才有保障。

1979 年开始的全国第二次土壤普查，到 1984 年基本完成了全省土壤普查的野外调查，1987 年基本完成河北省土壤普查的汇总工作。土壤普查结果对于农业区划、中低产田肥力提高及平衡施肥等方面均起到重要作用。30 年来，我国农业经济、种植制度、作物品种、产量水平、肥料用量及肥料施用种类等均发生了巨大变化，与此同时，我国耕地资源量大幅度递减。目前我国面临人口、土地资源、保护环境等巨大压力。因此通过耕地质量评价，培育高耕地地力健康优质的农田土壤、提高农田土壤生产力、避免农田土壤养分对生态环境的污染等具有极其重要的理论和实践意义。

《河北省石家庄市耕地质量评价与改良利用》是基于河北省石家庄市 2017 年耕地属性数据评价完成。其系统地反映了石家庄市耕地质量等级分布、耕地空间和属性特征、耕地质量状况水平。通过对 17 个市、县、区耕地质量客观评价，为石家庄市耕地规划利用、农业结构调整、特色产业发展、耕地质量保护与提升和农业可持续发展提供了重要的科学依据。

我欣喜于并祝贺《河北省石家庄市耕地质量评价与改良利用》的出版，相信这项成果对石家庄市耕地资源利用具有重要的意义。欣然为序。

前言

耕地是重要的农业生产资料，是具有一定地力与质量特点的、不可再生的自然资源，是确保农业可持续发展的重要物质基础。耕地质量好坏是在多种自然条件作用下形成的，并对农作物产量、品质有着直接的影响。掌握耕地地力状况及其变化规律，对调整农业结构，指导农民科学施肥，促进农业可持续发展，提高农产品产量，改善农产品品质，增加农民收入，减少肥料等资源浪费，防止土壤退化和污染，改善农业生态环境等均具有十分重要的意义。

为了查清石家庄市的耕地质量，推进种植业结构调整，确保有限耕地资源的可持续利用，根据农业部办公厅《关于做好耕地质量等级调查评价工作的通知》（农办农〔2017〕18号）的要求，组织开展耕地质量评价工作。为确保此项工作质量，石家庄市土壤肥料站委托河北农业大学为技术依托单位，在河北省土壤肥料总站的正确领导和鼎力支持下，严格按照《耕地质量划分规范》（NY/T 2872—2015）和《耕地地力调查与质量评价技术规程》（NY/T 1634—2008）要求，结合河北省统一的《耕地质量评价工作方案》《耕地质量技术规范》和耕地综合指数划分标准的要求，充分利用耕地质量野外调查和分析化验数据，有机结合第二次土壤普查、土地利用现状调查等成果资料，扎实开展耕地质量评价工作。

在耕地质量等级评价过程中，利用地理信息系统（GIS）和全球卫星定位系统（GPS）技术手段，以数字化的耕地资源管理单元为基础，根据耕地质量指标选取的原则，确定评价要素，采用特尔斐法、模糊数学、层次分析等多种方法确定各指标隶属函数和权重，并通过和积法计算每个耕地资源管理单元的综合得分，用积累曲线等方法划分耕地质量等级，评价成果通过了符合性验证。对全面了解全省耕地质量状况，编制耕地资源资产负债表，加强耕地资源保护和综合利用具有重要参考价值。

《河北省石家庄市耕地质量评价与改良利用》系统地反映了石家庄市耕地质量等级分布、耕地空间和属性特征、耕地质量状况水平，为全市耕地规划利用、农业结构调整、特色产业发展、耕地质量保护与提升和农业可持续发展提供了重要的科学依据。

由于时间较紧，数据庞大，资料准备仓促，编者水平有限等原因，在编写过程中难免有不足之处，望广大读者、同仁及各级领导提出宝贵意见，并希望此书对今后工作有所指导、借鉴和帮助。

目 录

第一章　石家庄市自然与农业生产概况

第一节　自然概况

一、行政区划及地理位置

（一）行政区划

石家庄市管辖8区13县（市），即长安区、桥西区、新华区、裕华区、井陉矿区、藁城区、鹿泉区、栾城区、井陉县、正定县、行唐县、灵寿县、高邑县、深泽县、赞皇县、无极县、平山县、元氏县、赵县、晋州市、新乐市。拥有2个国家级开发区，即石家庄国家高新技术产业开发区和石家庄经济技术开发区。截至2018年末，全市共有121个镇，84个乡，56个街道办事处，642个居委会，4 010个行政村。本文为数据连续性将辛集市也列入范围之内。

（二）地理位置

石家庄市是河北省省会，是全省政治、经济、科技、金融、文化和信息中心，是国务院批准实行沿海开放政策和金融对外开放城市。位于河北省中南部，环渤海湾经济区，地处北纬37°27′~38°47′，东经113°30′~115°20′。西邻山西五台、盂县、昔阳，东与衡水市的安平、冀州相毗连，北依保定市的阜平、曲阳、定州、安国，南与邢台市的宁晋、柏乡、临城接壤。在北京的西南方向，距北京283km，素有“南北通衢、燕晋咽喉”之称，地理位置十分优越。南北最长处约148km，东西最宽处约175km。截至2017年辖区总面积13 504km^2（不包括辛集市面积960km^2），其中，8个建制区面积2 220km^2，13个县（市）面积11 284km^2。

二、自然气候与水文分布

（一）自然气候

石家庄市处于冀中平原西部，太行山东侧，属暖温带半湿润季风气候。太阳辐射的季节性变化显著，地面的高低气压活动频繁，四季分明，寒暑悬殊，雨量集中，干湿期明显，夏冬季长，春秋季短。从气候温度上划分，春季长约55d，夏季长约105d，秋季长约60d，冬季长约145d。春季天气晴朗，降雨稀少，气候干燥，4月份气温回升快，盛行偏南风，风速较大，常有5、6级偏北风或偏南风。初夏干燥，气温极高，极端最高温度常在此时期出现；仲夏以后炎热潮湿多雨，暴雨、冰雹大多发生在这段时间，降水量70%集中在夏季，6、7、8月3个月降水占全年降水量的63%~70%。秋季时，受蒙古高压影响，晴朗少云，风力不大，气候宜人，气温降低快，降水日数和雨量显著减少，有寒潮天气发生。冬季受西伯利亚冷高压的影响，气温较低，雨雪稀少，气候干燥，盛吹寒冷的西北风。

石家庄市年平均温度为12.5℃，变幅为11.8~13.2℃，一年中1月最冷，平均气温为-3.8℃，变幅为-2.6~4.7℃。7月为最热月，平均气温为26.2℃，变幅为25.8~26.6℃。全年≥10℃的积温平均为4 335.1℃，变幅为4 161~4 530.9℃。石家庄市平均年降水量为493.9mm，变幅为442.4~578.7mm，平均年蒸发量1 861.4mm，变幅1 585.2~2 152.1mm。蒸发量约为降水量的3.8倍，以7、8、9 3个月为最大。石家庄市无霜期为201d，变幅为159~220d。平均最大冻土深度达51.9cm，变幅为45~87cm。石家庄市平均年日照时间2 689.9h，变幅为2 585.6~2 847.3h。全区干燥度平均为1.40。

石家庄市山区与平原的气候差异较为显著。处于中山地区海拔2 000m以上的山脊，气候冷凉而湿润。年平均气温-1.4℃左右，最冷月平均温度为-17.9℃，最热月平均温度为13℃，冰雪封冻时间长达7个月，无霜期少于100d，全年≥10℃的积温小于1 300℃，年降水量达700mm以上，风速较大。而海拔1 000~2 000m的山地气候冷凉湿润，冬季寒冷而漫长，夏季湿润而短暂。年平均气温7.8℃左右，最冷月平均温度为-9℃，最热月平均温度为21.1℃，全年≥10℃的积温为3 030℃，封冻期达6~7个月，全年无霜期130d左右，年平均降水量650~700mm。

低山丘陵地区则是半干旱半湿润气候。年平均气温11.1~12.9℃，最冷月平均温度为-4.8~-2.8℃，最热月平均温度为24~28.5℃，年平均降水量457.3~578mm，平均为527mm。6、7、8月降水量占全年降水量的68%，且集中于7、8月以暴雨形式出现，冲刷地表，侵蚀严重。平均年蒸发量1 966.7mm，为降水量的3.7倍。全年≥10℃的积温为4 161~4 530.9℃，平均为4 351.8℃。无霜期180~210d，最大冻土深度55.2cm。

山麓平原地区年平均气温12.3℃，最冷月平均温度为-3.8℃，最热月平均温度为26.2℃。平原东部深泽、无极、晋州三县（市）因处在沂蒙山和泰山隐雨区，故雨量偏少，年平均降水量仅为457.6mm。其他地区年平均降水量为490.4mm。降水量集中于夏季，其中7、8两个月的降水量为全年降水量的56.7%，多以暴雨形式出现，年平均蒸发量 1 585. 2~1 980. 3mm，平均为 1 798. 4mm，为降水量的 3. 8 倍。全年≥10℃的积温为 4 323. 5℃，无霜期 197d，最大冻土深度达 55. 9cm。

综合来看，石家庄市气候可以概括为西部山区（低山、丘陵）由于太行山的屏障作用产生焚风效应（西向气流经过太行山下沉增温现象）形成一个高温区。年平均气温较其他地方高 0. 6~1. 0℃。年降水量从西南向东北逐渐减少，由于地处太行山暖湿气流迎风坡面上，故山区的降水量较平原地区丰沛。而平原区的东部因处于沂蒙山、泰山的隐雨区，降水量又比平原区的其他地方偏少。同时，石家庄市年降水量分布极不均匀，夏半年为 85%，冬半年为 12%，降水量的 57%集中于 7、8 两个月，且多以暴雨形式出现。

（二）水文分布

1. 地表水

石家庄市辖区内河流分属海河流域大清河水系和子牙河水系。主要行洪河道有 6 条，其中，中南部的滹沱河、洨河、槐河、泲河属子牙河系；北部的沙河、磁河（木刀沟）属大清河系。总流域面积 3. 35 万 km^2。主要河流概况如下。

（1）滹沱河：是子牙河系两大支流之一。发源于山西省五台山南麓繁峙县东部，于平山县河西头村附近入河北省。自西向东横穿鹿泉、石家庄主城区，流经平山、正定、藁城、晋州、无极、深泽等县（市、区），长约 188. 5km，流域面积为 24 618km^2。该河上游有冶河等大小支流 42 条，致使该河河水流量大。冶河是滹沱河的主要支流，发源于山西省昔阳县，经井陉县流入平山县，于平山县城关入黄壁庄水库。其河流纵坡为 72%，为我国纵坡最陡的河流之一。具有坡陡流急，汛期挟沙量大，且洪水持续时间短的特性。故流入滹沱河后，造成河水漫淤、河床迁移改道频繁等问题。

自 1959 年在滹沱河上游平山县境内建起岗南水库和黄壁庄水库等大中型水库后，滹沱河自黄壁庄出山后，地势陡然变缓，河幅展宽，在藁城区河宽达 6km，河漫滩发育较好。加之该河流经第四纪黄土区，河水携带大量泥沙，故历史上多次出现泛滥改道。河床仅在汛期有水，旱季则河床干涸。在正定、藁城以东，北至沙河，南至滏阳河，南北宽数百千米都是该河的漫流地，在石家庄市留下数十条西北—东南向的故河道。其泛滥漫淤的冲积扇含有大量的黄土状物质，土壤质地多为轻壤，矿物养分含量较低，土壤受该河河道的变迁和河水所携带物质的影响巨大。

（2）洨河：发源于鹿泉区南郊山区，汇金河、石家庄泄洪渠后入栾城区境，又汇北沙河、潴龙河，穿赵县向东南出境入邢台市宁晋县，石家庄段全长 48km。洨河既是石家庄市的主要行洪河道，也是全市主要排涝工程之一。金河发源于鹿泉区铜冶西部山区，向东汇入石家庄泄洪渠和洨河。

(3) 槐河：发源于赞皇县西南部嶂石岩，穿赞皇县全境经元氏、高邑、赵县出境入邢台宁晋县，境内全长79km。过水能力1 258~2 180m^3/s，上游建有中型水库白草坪水库。因其位于太行山迎风坡，汛期往往形成暴雨中心，山区地势陡峻，洪水一泄急下，在赞皇县千根村附近平缓地区河床拓宽。因流经砂岩、基性岩、花岗片麻岩地区，故槐沙河冲积扇土壤质地较轻，颜色较暗，矿物养分含量较高。

(4) 泲河：发源于赞皇县西南部大石门。流经赞皇县南部，经高邑西南部出境入邢台柏乡，境内全长61km，过水能力460~780m^3/s。上游建有南平旺中型水库。

(5) 沙河：为石家庄市最北部的一条河流，本区境内的支流有17条，主要支流有磁河、郜河等。发源于山西省灵丘县境内，从行唐县入境，汇支流曲河、郜河后横穿新乐市全境，向东入定州市，流经石家庄市行唐及新乐两县（市）的东北部，全长约41.4km，流域面积为4 870km^2，是大清河南支主要来水支流之一。干流在曲阳县建有大型水库王快水库，支流郜河、曲河分别建有口头大型水库和红领巾中型水库。因沙河流经花岗片麻岩区，且处于阜平暴雨中心，因而水流湍急含沙量大。河流所携带的多为黑云母、角闪石、长石、石英等碎屑及其风化物，其堆积物颜色较暗，矿物养分含量较高。

(6) 磁河（木刀沟）：磁河为沙河的主要支流，发源于灵寿县，流经灵寿、行唐、新乐、正定、无极、深泽等县（市），出境入保定安国市境内入沙河。全长约140.5km，流域面积为1 187km^2。行唐南伏流以上称磁河，以下称木刀沟。该河规划标准20年一遇，行洪流量1 260m^3/s。上游建有横山岭大型水库，自灵寿县慈峪镇以下河水已断流，而在新乐、无极、深泽等县（市）境内的河段，农民群众已在河漫滩开垦种植。磁河上游亦处于阜平暴雨中心，雨季河床淤塞，经常泛滥决口。新乐、藁城、无极、深泽等县（市、区）的“神造滩”即为磁河的故河道。由于该河流经花岗片麻岩区，土壤质地较粗，颜色较暗。

(7) 环城水系：以国家南水北调工程为基础，石家庄建立起围绕市区的一个大型环城水利工程。主要包括城区西北部水利生态防洪工程（含太平河）、石津干渠段、西北部南水北调段和东南环水系四部分，全长约102km。

2. 地下水

石家庄市西部为中山，东部为山麓平原末端。河流自西向东流经全区，故地下水的流向和河流的流向一致，亦与大地形的倾斜角相一致。山地、丘陵地区除河谷、盆地以外由于下伏岩石，故地下水多为岩层水，土壤不受地下水的影响。

石家庄市平原区地下水平均埋深为37.26m。地下水埋深10.00~20.00m区域分布于山区与平原交界处；20.00~25.00m的区域分布于新乐市大部和西部山前平原一带；石家庄市主城区地下水埋深35.00~45.00m；赵县至高邑一带地下水埋深在45.00~

50.00m；其他区域地下水埋深在25.00~35.00m。其中高邑县地下水埋深最大，为52.44m；鹿泉区平原地下水埋深最小，为18.45m。

三、地形地貌与地质状况

（一）地形地貌

石家庄市域跨越太行山地和华北平原两大地貌单元，大地构造属山西地台和渤海凹陷之间的接壤地带。地貌为西部高东部低，成半环状逐级递降。西部地处太行山中段，为太行山山西台背斜的东部边缘，地貌为群山连绵、沟壑纵横。包括井陉县、井陉矿区全部及平山、赞皇、行唐、灵寿、鹿泉、元氏六县（区）的山区部分，面积约占全市总面积的50%。东部为滹沱河冲积扇的扇缘，地势平坦，坡降平均为1/1 000的山麓平原，包括新乐、无极、深泽、晋州、藁城、高邑、赵县、栾城、正定、石家庄主城区和平山、赞皇、行唐、灵寿、鹿泉、元氏六县（区）的平原部分。

地貌类型自西向东依次为中山、低山、丘陵、山麓平原，面积分别为5.69万、14.94万、29.68万、67.63万hm^2，分别占总土地面积的4.83%、12.67%、25.16%、57.34%。西部太行山地，海拔在1 000m左右，山峦重叠，地势高耸，京广铁路以东为华北平原的一部分。地处平山的最高山峰驼梁海拔2 281m，为河北省境内的第五峰，是石家庄的制高点。东部平原，按其成因属太行山山前冲洪积平原，海拔一般在30~100m，其中辛集市北庞村海拔28m，为辖区内的最低点。东西海拔高差为2 253m。

1. 中　山

分布于灵寿县的南营至平山县的秋卜洞、蛟潭庄、杀虎一线以西和下口，北冶一线以南以及赞皇县桃花垴、杜家宅、嶂石岩一线以西的山地，海拔在1 000~2 281m。面积为5.69万hm^2，占全区总面积4.83%。其山体陡峭，奇峰林立。受东南湿热气流北上影响，年降水量700~800mm，为全区降水量之冠。

2. 低　山

分布于行唐县的鳌鱼山，灵寿县的南宅和平山县的下观、马冢一线以西以及元氏县的前仙、北旷和赞皇县的许亭、马峪、上麻一线以西的山地，海拔高程为500~1 000m，面积为14.94万hm^2，占全区总面积12.67%。其山峰突起，地貌类型复杂。在低山地貌中还分布着众多的河流谷地和小型盆地，其水利/份条件较好，接收自山上冲刷下的土壤和其他物质，已多垦殖为农田。年降水量为500~600mm，且集中在7、8、9三个月，多以暴雨形式出现。加之西北部高山阻挡冷空气的侵袭，致使气温较高。

3. 丘　陵

分布于行唐县的北河、秦家台，灵寿县的慈峪、马阜安和平山县的两河、东回舍及里庄一线以西以及元氏县的姬村、北褚、北沟和赞皇县西高、邢郭一线以西，面积29.68万hm^2，占全区总面积25.16%。丘陵地貌多为岗状和圆浑的丘形，海拔高程为100~500m。也有高于海拔500m的山峰，其中沟壑、冲沟交错。丘陵地区降水量500mm左右，因下伏多为基岩或砾石，地下水埋藏较深，降雨多成地表径流损失，故干旱。植被稀疏、土层浅薄，是该地区景观的特征，目前多未利用。在赞皇县西高、邢郭一带丘陵和山麓平原交接处还分布着第四季冰川作用的遗迹终碛堤。其高7~10m呈弧形向外凸出，外坡陡，内坡平缓，下部含大小不等的漂砾和砾石，由于地下水埋藏很深且开采困难，农田多旱地。

4. 山麓平原

丘陵地区以东的沙河、磁河、滹沱河、槐河等河流冲积扇和扇间洼地以及河漫滩组成石家庄市辽阔广大的地貌类型山麓平原。其海拔高程为28~100m，坡降平均为1/1 000。其面积为67.63万hm^2，占全区总面积的57.34%。山麓平原上部即新乐、藁城、赵县、高邑县城以西的平原部分，由于各河流刚出山口，物质分选不明显，除冲积扇顶部下伏基岩外，多为土层深厚、质地均一的轻壤质。

在山麓平原上分布着以滹沱河泛滥改道为主的数十条河流的故河道，这些故河道两侧均有沙丘且呈带状分布，沙丘较周围地面高2~7m。山麓平原的河漫滩分布在各大河流的中游以下的大堤以内，以滹沱河河漫滩发育较好，其最宽处达6km。由于经常被河水淹没和处在河流中游，所以该区土壤表层质地多为沙质或沙壤质，具有河流沉积层次分明的规律。同时，在平原上还分布着扇间洼地，如栾城、赵县西部自西北向东南的滹沱河、槐沙河冲积扇扇间洼地。目前因两河沉淀物多次覆盖，已无洼地的地貌特征。但其距地表60cm左右以下有50~60cm厚的灰黑色质地较重的腐泥层，此埋藏层即因地形低洼，地下水位较高，土壤曾发生过沼泽化、草甸化过程而形成的。

在山麓平原前缘即滹沱河冲积扇扇缘部分的辛集市东南部，因与冲积平原相连，属交接洼地，地形相对低平，坡降为1/3 000，土壤受河流沉积规律的影响，地下水位较高且流动较缓，地下水矿化度较高，故有盐化或盐化土土壤分布。

（二）地质状况

1. 构造及演变

石家庄大地构造属山西地台和渤海凹陷之间的接触地带。西部山区为山西地台太行山复北斜之东翼，不同地质时代的地层，主要分布在这一地区。东部平原分属于华北凹陷之西部边缘的冀中台陷和临清台陷，其上覆盖着巨厚的第四纪沉积物。

太古代和早元古代，本区属下沉地区，陆表海占绝对优势，并沉积了巨厚的砂岩、页岩、石灰岩及火山岩系。经过阜平运动、五台运动、特别是吕梁运动以后，太行山发生了巨大的褶皱隆起，致使本区西部平山、灵寿、行唐境内的太古界和下元古界形成了以褶皱为主并伴有较为发育的断裂态势。如常峪被斜、古佛向斜、蒿亭—楼底向斜及合河口—九口子断裂群等。

进入早古生代后，地壳呈缓慢升降运动，但以下沉运动为主。到中奥陶纪，海侵达到空前规模，因而大量沉积了构成本区物质基础的砂岩、砂页岩、石灰岩。到奥陶纪后期随华北地台整体上升，海水撤退。受志留纪后期加里东运动的影响，全省高出海面达1亿年之久，所以本区同全省一样，普遍缺失上奥陶纪、志留纪、泥盆纪和下石炭纪岩系。

进入中生代，受燕山运动的影响，岩浆侵入和喷出的火成岩活动比较活跃，并使以前沉积的地层发生了较为强烈的褶皱和断裂。如石家庄—元氏—临城断裂带以及现今沿山区和平原交界带的一系列小型断裂就是那时形成的。新生代的第三纪发生了喜马拉雅运动。本区在表现以大型断裂下陷为特色的前提下，还显示了下陷与隆升并存的局面。当时以太行山山前断裂带为界，东部平原不断凹陷，西部山区不断隆升。至此，奠定了本区目前山区和平原的基本态势。

2. 地　层

（1）太古界：太古界结晶基底多出露在行唐、灵寿、平山、元氏、赞皇各县的太行山东部一带，主要由黑云母斜长片麻岩、角闪斜长片麻岩、浅粒岩、斜长角闪岩及大理岩等组成。本区的太古界变质岩系普遍具有厚度大、岩相变化多、混合岩化作用比较普遍等特点。

（2）元古界：元古界下部为一浅变质岩系的甘陶河群，出露于太行山中段的太古界两侧，在本区主要分布于灵寿慈峪、平山回舍及赞皇等地，系由变质长石砂岩、石英岩、千枚岩、片岩及结晶灰岩、安山岩等构成，与下伏陈庄组呈角度不整合接触。中、上元古界与下伏甘陶河群或阜平群的太古代地层呈角度不整合接触，主要分布于平山下口、刘家会、赞皇王家洞、五马山等地。岩层自下而上分为三层：下层为砂砾岩层，中层为含砾英岩状砂岩与板状页岩互层，上层为板状页岩、含铁石英岩状砂岩。

（3）古生界：古生界广泛分布于太行山两翼。寒武系与下伏中、上元古界分别呈微角度不整合、整合和平行不整合接触，其间有明显沉积间断。该系地层在行唐八里庄、平山刘家会、赞皇虎头山等地均有出露。寒武系可划分为下、中、上三统。各统均是由不同质地的页岩、灰岩组成。奥陶系为一套海相碳酸盐沉积，与下伏寒武系呈整合接触。该系地层在本区缺失上奥陶纪，其余主要以白云岩、灰岩形式出露于赞皇东部。

（4）新生界：第三系在石家庄市有小面积的零星分布。主要分布于行唐水泉南、贾南庄及口头、武庄、上坊等山麓边缘一带，皆呈独立的地堑型陆相山间盆地堆积。该系地层主要由灰黄、粉红色各类灰质砾岩组成。第四系在石家庄地区广泛发育，平原全部被第四系所覆盖，在山区则主要出露于山间沟谷或盆地中。堆积物类型复杂，主要由坡积、冲积、洪积等组成，厚度由山区的几厘米至十余米到平原的378m不等。

3. 岩　石

石家庄市火成岩基本不发育，出露面积尚不到基岩面积的1%。其中基性—超基性岩类主要分布于平山柏坡、灵寿梁前沟、赞皇许亭等地。酸性侵入岩主要分布在本区北部，有平山槐树间花岗闪长岩、合河口云母花岗岩、秋树林闪长岩、九岭花岗闪长岩、孟家庄花岗闪长岩等。喷出岩主要为玄武安山集块岩，分布在赞皇西部，为吕梁期产物。

4. 地震地质

石家庄市位于华北板块上的冀中板块与晋冀板块的交界部位。形成于燕山运动的北东向太行山山前断裂带，纵贯石家庄市。该构造带是一条重力异常带，沿此带1966年发生过邢台6.8级和7.2级等地震。因此它是一条地震活动带。石家庄地区新构造运动活跃，其主要特征是在山前平原大面积沉降的基础上，沿太行山山前断裂带附近产生新的断陷活动。这些新生代断陷至今活动仍很强烈。断陷内部及附近曾发生过强震或中强地震。对本区地震活动起控制作用，主要活动断裂有：石家庄—临城断裂带、衡水—石家庄断裂带、辛集断裂带、高邑—赵县—晋州—深泽断裂带、保定—石家庄断裂带等。

四、土地资源

石家庄土地总面积15 848km^2，全市人均土地资源0.18hm^2。其中，耕地58.39万hm^2（2016年），人均占有耕地0.0487hm^2，少于全国平均0.106hm^{2}和全省平均0.0 987hm^{2}的水平，城市建成区土地面积432.13km^2（2016年）。全区土地利用类型包括耕地、园地、林地、牧地、水域、城市建设用地、特殊用地、尚未充分利用和难以利用的土地共八种。

（一）耕　地

全市耕地面积58.39万hm^2，占土地总面积的41.28%。其中，有效灌溉耕地主要分布在山麓平原及山区、丘陵地区、河谷地带，旱地主要分布在山区、丘陵地区，是山区、丘陵地区农业生产的重要限制性因素之一。全市耕地面积逐年减少。

（二）园　地

全市园地总面积40 570.64hm^2，占土地总面积的2.87%。基本上都是果园，包括鲜果和干果。其分布特点：干果类主要分布在山区和丘陵。其中大枣主要分布于赞皇、行唐和新乐市；核桃分布于平山和灵寿县；花椒以平山县最多；柿子在元氏和平山两县。鲜果果园主要分布于平原各县。梨园集中分布在赵县、晋州和藁城，新乐也有分布。其中，赵县为全国著名的雪花梨基地县；苹果园以新乐、无极、晋州和藁城分布较多。

（三）林　地

历史上太行山区为大面积森林区，生长松、柏、橡、栎等树木。自明朝中期以后，由于大规模掠夺式采伐及战争破坏，到新中国成立前夕，全市各种林地面积仅存 2.554 万 hm^2，零星树木 1 111 万株，各种果树 0.48 万 hm^2。全市森林覆盖率仅有 2.7%。新中国成立后经过数十年植树造林，到 2010 年森林面积已增加到 39.32 万 hm^2，占土地总面积的 27.81%。

（四）牧　地

全市有草场面积 10.665 万 hm^2，占土地总面积的 7.54%。草场主要分布在西部山区和丘陵区。中低山区草场面积较大，但因山高坡陡，人烟稀少，利用率低。丘陵区人口稠密，对草场利用频繁，超载过牧使草地破坏严重。目前，全市尚有可利用的草地和林间草地没有充分利用，发展畜牧业的潜力很大。

（五）水　域

全市有水库、河道、坑塘、渠道等构成的水域面积 1.167 万 hm^2，占土地总面积的 0.83%。

（六）城市建设用地

全市城市建成区土地面积为 43 213hm^2，占土地总面积的 2.73%。城市建设用地面积 41 200hm^2，其中居住用地 14 007hm^2，公共管理与服务用地 4 383hm^2，商业服务业设施用地 3 005 hm^2，工业用地 3 484 hm^2，物流仓储用地 1 244 hm^2，交通设施用地 6 429hm^2，公用设施用地 2 257hm^2，绿地 6 391hm^2。

（七）特殊用地

特殊用地包括国防、革命圣地和名胜古迹用地，共计 1 180hm^2，占全市土地总面积的 0.09%。

（八）未充分利用和难以利用的土地

除上述用地外，全市尚有未充分利用和难以利用的土地，主要是可利用而没有充分利用的宜林、宜牧地以及目前难以利用的石质荒山荒地、沙荒地、盐碱荒地等，这是重要的后备土地资源。

五、土壤母质

石家庄市土层老而复杂岩石类型亦多样。平山、灵寿两县的西北部和赞皇、元氏两县西部山地为前震旦系太古界的阜平统，岩石为黑云母花岗片麻岩，夹角闪石片麻岩以及下元古界的滹沱群变质石英岩、板岩、千枚岩、白云岩和大理岩的岩脉。由于地层古老，几经地壳运动，故均有不同程度的变质，以丘陵区变质最深。

平山县刘家会、郜家庄、马仲、甘秋、北冶、下口一线以南，行唐县北河、秦家台一线以西，以及元氏、赞皇两县西部低山丘陵地区为古生界寒武系、奥陶系的沉积岩区。岩石有灰岩、紫色页岩、砂岩、豹皮灰岩、白云质灰岩、燧石等。寒武系的页岩、砂岩与奥陶系灰岩共生，呈夹层带状岩脉出露。

石家庄市东部位于华北平原的西南部，属渤海凹陷区。其发生在古生代石灰系、二叠系，由于太行山上升，形成了山东地台与山西地台边缘部分之间的凹陷和海侵，奠定了渤海凹陷区。到了中生代的燕山运动时期，地壳上升，海水退出，结束了震旦系以来的海侵。山地地层形成复杂的褶皱，渤海凹陷地区仍以下陷为主。到新生代第三纪由于喜马拉雅运动，山西地台发生强烈拗断，太行山拗曲加强，形成单斜褶皱，岩石向东倾斜，太行山以东的广大凹陷地区向下拗折，剧烈下降到海面以下，海水侵入凹陷地区。在第四纪时期，自太行山流出的河流夹带着大量的洪积物汇集于渤海凹区，覆盖于第三纪地层之上，堆积成冲积扇。海水逐步东退，形成现在的滹沱河及其他河流洪积冲积扇，为华北平原的一部分，故石家庄市平原部分为第四纪洪积冲积物质和河流冲积物质所覆盖。

因第四纪冰川作用，石家庄市赞皇县的西高、龙门、邢郭乡，目前还有其留下的遗迹终碛堤和冰碛物质（红色泥砾物质）。

石家庄市主要土壤母质类型如下。

（一）残坡积风化物

岩石风化物未经搬运和经水流片蚀搬运很短距离又重新堆积，统称残坡积物质。该母质由大小不同，混杂一起的具有棱角的石块、沙砾组成，成分与其母质成分一致。根据母岩的不同残坡积母质可分为以下几种。

1. 基性硅铝质残坡积物

分布于赞皇县西南虎宅口、柚底一带中山地区。岩石为岩浆岩，主要是辉长岩，其中 SiO_2 含量在 50%左右，Al_2O_3 含量为 18%，Fe_2O_3 含量为 10%，呈黑色或深灰色。主要矿物为角闪石、黑云母、辉石、斜长石等。由于其颜色较深，吸收热量大，物理崩解和化学风化速度比较迅速，因此常形成红色或褐色、土层比较深厚，质地比较细黏的土壤。土壤中矿物营养丰富，故地表植被茂密，生长良好。

2. 酸性硅铝质残坡积物

酸性硅铝质残坡积物在石家庄市平山、灵寿、行唐县的西北部及元氏、赞皇县西部的丘陵、低山、中山大面积分布。岩石为变质岩和少量的岩浆岩，主要是花岗岩、花岗片麻岩及片麻岩。其化学成分：SiO_2 含量约 72%、Al_2O_3 含量约 13%、Fe_2O_3 含量约 2%。颜色视其矿物成分而异，一般颜色较浅。若含角闪石、辉石或黑云母多，则颜色较深。由于上述岩石为粗粒状矿物组成，露出地表后受大气冷热变化的影响和雨水的侵入，风化速度较快，厚度较深，颜色多为棕色或黄棕色。在此母质上形成的土壤土层深厚、疏松、蓄水能力强，矿物含量丰富，特别是钾元素。因此有利于果树和其他作物生长。

3. 泥硅铝质残坡积物

该母质分布于石家庄市的平山县西南的下口、刘家会、马仲、甘秋、北冶一线以南。上覆砂岩或灰岩，呈带状出现，岩石为沉积岩之页岩，其成分为 SiO_2 58%、Al_2O_3 15%、Fe_2O_3 6%。石家庄市页岩为紫色页岩，由于其主要由细小的黏土矿物组成，所以它的化学分解作用不明显，生成的土壤与母质性状极为近似。因其固结较坚实，孔隙度小，常形成不透水层。降雨后多形成地表径流，故地面干燥，植被稀疏且生长不好。

4. 硅质残坡积物

硅质残坡积物与泥硅铝质残坡积物分布区域基本相同，且呈互层分布。岩石为砂岩、石英岩，其主要化学成分是 SiO_2 78%。因其主要矿物是石英，在风化过程中化学分解作用不明显，且物理崩解也不显著。因此风化速度慢且母质呈粗颗粒状，生成土层较薄的含有大量砾石的土壤。因砂岩含植物营养元素少，故土壤养分贫瘠，植被稀疏，生长不良。

5. 钙质残坡积物

钙质残坡积物分布于平山县西南、行唐县北河、秦家台一线以西，以及元氏、赞皇县西部的低山丘陵。为沉积岩或变质岩，岩石主要是石灰岩、白云质灰岩、大理岩等。其化学成分为 SiO_2 5%、CaO 42%、Fe_2O_3 1%。由于岩石主要成分是 $CaCO_3$，风化以化学溶解为主，$CaCO_3$遇含有 CO_2的雨水而溶解流失。留下少量的硅、铝、铁氧化物的细粒在地表，颜色较深，多为红色或褚色。石灰岩母质形成的土壤土层薄，质地黏重，蓄水能力差，故植被生长亦差。

（二）黄土物质

黄土是特殊的第四纪大陆沉积物，一般认为是由风力搬运堆积而成。其矿物组织较复杂，其中石英占半数以上，其次为长石、白云母和黏土矿物等。还含有大量的碳酸盐，含量约为10%～15%。黄土颗粒直径大部分为0.05～0.005mm，故土壤质地比较轻。石家庄市黄土物质可分为黄土状物质、红黄土、新红土。

1. 黄土状物质

为特殊的第四纪大陆沉积物质，在石家庄市广泛分布于灵寿、平山、行唐、元氏、赞皇等县的丘陵和山地坡麓。土体质地均一，以轻壤为主，颜色呈灰黄色或棕黄色。底部有沉积层理，因淋溶作用在土体中含有石灰结核和黏化层，有垂直节理，常形成峭壁，受水侵蚀后，地貌呈切沟和台状。黄土状母质多分布在坡麓，土壤多已开垦种植，为山区较肥沃的耕作土壤。

2. 红黄土

红黄土在石家庄市主要分布在平山县的低山丘陵区，面积较小而破碎，多为上覆的黄土被侵蚀后出露地表，其颜色褐色或红黄色。土质较紧而致密，结构为块状，质地属重壤土，下伏多为红棕色的埋藏土层。

3. 新红土

新红土为石灰岩风化物，颜色棕红，质地细密，土层中含有少量的砾石，下伏石灰岩。行唐县丘陵地区有小面积的分布。

（三）洪积冲积物

岩石风化物被洪水或河流携带到山前平原或沟口，谷地堆积即形成洪积冲积母质。在石家庄市主要分布于行唐县北龙岗、坟台、留营至灵寿县城一线以东，石家庄市以东和元氏县正庄、赵同、东正至高阳县的万城、北营一线以东的广大山麓平原地带。同时在西部丘陵山区的沟谷阶地上也有分布。

洪积冲积物一般水的分选不明显，以轻壤为主，不夹胶泥。其物质组成依各河流携带物质而定。如磁河所携带的片麻岩风化物，颗粒较粗，质地一般为轻壤或砂壤。含石英、黑云母、角闪石较多，故颜色较暗。当其土壤质地为轻壤时的0.01～0.001mm粒径颗粒含量为9.91%；而滹沱河所携带的物质含黄土状物质较多，质地也多为轻壤，含石英、云母较多，颜色较浅，其土壤质地为轻壤时的0.01～0.001mm粒径颗粒含量为13.96%，较磁河粉砂含量要高。

洪积冲积母质按质地区分为沙质洪积冲积物、壤质洪积冲积物和黏质洪积冲积物，石家庄市以壤质洪积冲积母质面积为大。该母质所发育的土壤由于水、热条件较好，现已作为优良的耕作土壤被利用。

（四）黄土状洪积冲积物

黄土状洪积冲积物指滹沱河冲积扇的母质类型。因滹沱河流经第四纪黄土地区，河水携带大量的黄土物质在冲积扇的上部，以及有黄土状物质的坡麓或沟谷堆积而形成的。如平山县的里庄，胜伏至灵寿县倾井以西的山前平原就广泛分布着黄土状洪积冲积母质。该母质物质组成以黄土状物质为主，水平层理明显，群众称“卧黄土”。颜色较黄土状物质稍暗，表层质地为轻壤，土体中常含有较粗的沙砾。由于分布在冲积扇的上部和沟谷、盆地内，地下水较充沛且不易受涝，目前黄土状洪积冲积母质的土壤均被开垦种植，并成为较肥沃的农田。

（五）冰碛物

第四纪冰川退却形成的冰碛物地貌的遗迹在石家庄市分布于赞皇县的花林一带，当地群众称“花林岗”。冰川在退却过程中，携带大量的冰碛物堆积成终碛堤地貌，目前仍能见到。

冰碛物质堆积杂乱，大小岩块与砂砾混在一起，无分选性，无层理，无定向排列，岩块磨圆较差。其上层为褐黄色轻壤土和大小不等的卵石和砂砾，下层则在褚红色的黏土中，含有大量大块表面具有擦痕的漂砾。由于冰碛物是渗水性小的隔水层，所以“花林岗”上挖井无水，只能用渠水进行灌溉，土层薄，群众多种植豆类、花生等省水、耐瘠作物，产量较低。

（六）河流冲积物

河流冲积物是岩石风化物被经常性流水的搬运，并在流速减缓时沉积于河床或河谷地区的沉积物。石家庄市河流冲积物主要分布在山麓平原末端的辛集市东部和现代河流的河漫滩以及山地丘陵的河谷与盆地内。

河流冲积物水的分选明显，其沉淀规律符合“紧砂慢淤”的规律。即：①沉积层次质地分异明显，水平层理清晰。②接近河床的沉积物颗粒粗，远离河床的沉积物颗粒细。

由于河流冲积物所处地形位置较低，地下水较高，土壤水分条件较好，故除沙质冲积物外大部分已成农田。但一些低洼地方，表层土壤盐分集聚，不利于作物生长，目前仍为荒地。

（七）风积物

石家庄市风积物为山麓平原上洪积冲积物或河流冲积物中松散的沙土经风的搬运，堆积成的沙丘，故多呈带状分布在故河道上。沙丘的沉积物粗细受风力的分选作用影响，由粗而细地逐渐沉积到地面。由于石家庄市沙丘形成年代久远，上面已长有草丛和灌木或树木，已不再为风吹所移动，成为半固定或固定风沙丘。植被生长较差，因所处位置较高，脱离了地下水的影响，所形成的土壤，正在向地带性土壤发育。

六、植物资源概况

石家庄市植被属暖温带针阔混交林地带，具有多样性和复杂性的特点。原始植被久遭破坏，现在的植被类型是由自然植被和人工植被组成的。截至 2013 年，已查明的植物资源 2 500 余种，其中药用植物资源 230 余种。

（一）林区分布

西北部海拔 1 500m 以上地带为桦、松水源涵养、用材林区，自然植被破坏程度轻，盖度在 85%以上，森林资源较为丰富，山坡上仍保留有天然次生植被，主要乔木树种有红桦、白桦及人工栽植的华北落叶松，向阳背风沟谷内生有二青杨。灌木树种有荆条、毛榛、六道木等。另外，还有繁多的药用植物和草本植物。

西部海拔 800~1 500m 地带为松、栎水保、用材林区。该区宜林条件较好，历来是石家庄地区发展林业生产的重要区域。植物种类繁多，结构复杂，呈现出较明显的垂直带谱。区内的森林资源多是以柞树为主的天然次生林和以油松为主的人工林，油松片林又多是近年来新营造的幼龄林和 1950—1960 年营造的中龄林。

西部海拔 800m 以下低山丘陵地带为槐、枣水保，干果经济林区。

山麓平原为杨、梨农田防护，鲜果经济林区。该区是石家庄地区粮棉集中产区，沿河两岸及古河道是以梨、苹果为主的鲜果生产基地。

石家庄地区东部低洼盐碱地带为榆、柳防护林区，不利于各种植物生产，林业用地较少。

（二）草场类型及分布

石家庄市草场共分四类。

平山县和灵寿县的北部边缘，海拔 1 500m 以上地带为山地草甸类草场。该类草场以中生、多年生草本植物为主，如苔草、紫苞风毛菊、鹅冠草、地榆、萎陵菜、大叶樟、兰花棘豆、金莲花、早熟禾、狗娃花、无芒雀麦、歪头菜、披碱草、野菊、柴胡、珠芽蓼、野火球、异燕麦等。草丛高度 50～80cm，盖度 90%左右。由于草场地处深山区，很少被利用，植被基本处于原始状态。

在平山县西北部，灵寿、元氏及赞皇县西部，行唐县北部海拔 500～1 500m 的中山、低山地带为山地灌木草丛类，草场植物组成以中生、中旱生或旱中生、旱生、多年生灌木和草本植物为主，如荆条、酸刺、白羊草、黄背草、三裂绣线菊、野古草、蒿类、萎陵类、胡枝子、鹅冠草、大油芒、披碱草、唐松草、虎榛子、野菊、忍冬、鹅耳枥、杜鹃等。草群高度 40～70cm，盖度 50%～80%。此类草场灌木丛生，可食性较差。

在平山县东南部，灵寿县中部、南部，行唐县南部、元氏县南部和赞皇县东部等地区的海拔 500m 以下低山丘陵地带为山地丘陵草丛类，草场植被以旱生、中旱生植物为主，白羊草占绝对优势。其次为黄背草、野古草。伴生植物有隐子草、荩草、假苇佛子茅、葛藤、达乌里黄芪、胡枝子、萎陵菜、蒿类、三芒草。此外，还有狗尾草、画草、猪毛菜等一年生草类。草群高 20～50cm，盖度 30%～60%。

灵寿县磁河中下游、赞皇县的河流两岸滩地和低山丘陵沟谷汇水地带为低湿草甸草场类，草场植物以中生、旱中生草类为主，如马唐、大画眉草、芝草、地榆、狗尾草、白茅等。临河边处有芒苇、莎草、水蓼等。草丛高度一般 50cm，盖度 60%左右。此类草场利用频繁，超载过牧严重，可食性牧草明显下降。

第二节　农业生产概况

一、农田基础设施状况

（一）农田建设概况

石家庄是个农业大市，有 17 个农业县（市、区），地跨太行山地和华北平原两大地貌单元，是北方地区重要的粮食、蔬菜、果品和肉、蛋、奶产区之一。石家庄市农民素有种地养地、勤于农田建设的良好习惯。新中国成立后及 20 世纪六七十年代实行互助合作，依靠集体力量，进行农田规划，平整土地、开荒造田、深翻松土、治沙治碱、改良土壤、整修田间道路、兴修水利等基本农田建设，从根本上改变了当时的农业生产条件，促进了农业生产的发展。

20 世纪 80 年代，石家庄市开始探索秸秆还田改良土壤的新路子，成效尤为显著。随着机械化的发展在全市逐年扩大推广秸秆还田，到 2000 年市辖所有区域基本全部实现秸秆还田。该项技术的实施，对改善土壤理化性状，培肥地力起到了重要作用，为农业的高产稳产打下了坚实的基础。

2004 年以来，中共中央、国务院连续下发了多个中央一号文件，并出台了一系列政策措施扶持我国的粮食发展，一批惠农工程，如“国家优质粮食产业工程”“全国新增 1 000 亿斤粮食生产能力田间工程”“全国测土配方施肥补贴项目”“有机质提升工程”和“粮食高产示范创建工程”等项目在石家庄市得到实施。通过项目建设，使项目区粮食作物的机械化生产水平由过去的 35%提高到 50%左右，单位面积（公顷）平均生产成本降低 150~300 元，节省种子和化肥 20%~30%；病虫害综合防控技术装备水平和防控能力得到明显提高，灾害平均损失率由 5%下降到 3%以下；农田基础设施得到进一步完善，地力基础得到提高，项目区耕地达到高产稳产标准，平均单产提高约 18%。

（二）农田排灌系统设施

农田灌溉工程主要包括灌渠、机井、蓄水池和塘坝等。辖区内拥有大型水库 4 座，中型水库 8 座，小型水库 35 座。截至 2016 年年底，全市节水灌溉机械 11 340 套，机井总数达到 150 389 眼，有效灌溉面积 500 480hm^2，旱涝保收面积达到 464 548hm^2（表 1-1）。

水利是农业的命脉。为进一步提升农田水利保障能力，石家庄市大力实施农田水利基础建设项目。实施了农田水网工程，对冶河、绵河、计三、平旺、槐南 5 条大中型灌区主要渠系进行综合治理，完成渠道加固防渗。实施了现代农田水利（节水灌溉）工程，实施小型农田水利重点县建设项目，更新灌溉机井，推广实施喷灌、滴灌节水灌溉技术，铺设地下 PVC 防渗管道。实施了“五小”（小水窖、小水池、小塘坝、小泵站、小水渠）水利工程，在缺水的山区兴建小型抗旱水源工程，新建“五小”水利及机井工程，改善当地灌溉效果，提高农业应急抗旱能力。

表 1-1　石家庄市水利建设现状（2016 年）

行政单位	节水灌溉机械（套）	有效灌溉面积（hm^2）	旱涝保收面积（hm^2）	2016 年末机井数（眼）
石家庄市	11 340	500 480	464 548	150 389
长安区	—	4 030	4 030	1 237
桥西区	3	230	230	108
新华区	39	2 370	2 370	503
裕华区	3	174	174	102
井陉矿区	—	1 880	150	160
藁城区	9 100	51 470	51 470	17 398
鹿泉区	126	21 740	21 740	4 219
栾城区	81	22 120	22 120	8 193
高新区	—	1 716	1 716	924

（续表）

行政单位	节水灌溉机械（套）	有效灌溉面积（hm^2）	旱涝保收面积（hm^2）	2016年末机井数（眼）
化工园区	—	3 580	3 580	621
井陉县	134	10 010	8 640	664
正定县	132	29 890	29 890	11 407
行唐县	846	24 240	24 240	11 669
灵寿县	15	17 430	9 773	2 914
高邑县	—	14 370	14 370	3 208
深泽县	24	20 640	20 640	6 674
赞皇县	136	22 310	3 700	3 130
无极县	—	33 440	33 440	13 313
平山县	345	18 730	16 200	2 257
元氏县	124	20 630	20 630	3 878
赵县	—	47 250	47 250	13 958
晋州市	192	39 800	39 800	12 011
新乐市	21	32 830	32 830	14 291
辛集市	19	59 600	55 565	17 550

（三）农田配套系统设施

农田配套系统设施包括田间路、农田防护林、农业机械等。

1. 田间路

田间道路是农田基本建设的重要组成部分，田间道路工程包括田间道和生产路。田间道连接村庄与村庄、村庄与田块，供农业机械、农用物资和农产品运输通行之用；生产路连接田块与田块、田块与田间路，满足田间作业服务需要。石家庄市原来拥有的田间路由于年久失修，部分道路高低不平，雨后道路泥泞，交通不便，随着农业机械的普及，田间路已不适应农业发展的要求，从20世纪80年代后，开始修复田间路，修复标准为主路面宽4~6m的砂石路、水泥路，逐步建立起适应农机耕作、四通八达的田间道路网络。

2. 农田防护林

农田林网建设，不但能够防风固沙，改善农田小气候，而且能够改善农业生态环境。石家庄市有完善的农田防护林网，在土地改良和生态建设中发挥了巨大作用。

3. 农业机械

随着国家对农业投资力度的不断加大，农民对农业机械越来越重视，对农田投入也不断增加。近年来，全市农机装备水平保持稳定增长势头，农机装备结构得到进一步优化，大型拖拉机、小麦联合收割机逐步更新换代，并向大动力、高性能、低能耗发展，新式、复式作业机械增多。农业机械化水平的提高，促进了农业增效和农民增收，解放了生产力，推动了二、三产业的发展，加快了农民致富奔小康的步伐，促进了全市农村经济持续稳定发展。

据《石家庄市 2017 年国民经济和社会发展统计公报》显示，2017 年石家庄农业机械总动力 1 300.4 万 kW（不包括农业运输车），比 2016 年增长 1.5%。实际机耕面积 54.3 万 hm^2，占农作物播种面积的比重达 54.3%，比 2016 年提高 3.5%。当年机械播种面积 72.8 万 hm^2，占农作物播种面积的 72.9%，提高了 2.2%。机械收获面积 70.5 万 hm^2，占农作物播种面积的 70.6%，提高了 4.4%（表 1-2）。

表 1-2　石家庄各县（市、区）农业机械化概况（2016 年）

行政单位	农用机械总动力（kW）	机耕面积（hm^2）	机播面积（hm^2）	机收面积（hm^2）	农村用电量（kW·h）
石家庄市	12 808 040	507 066	706 167	660 977	787 930
长安区	19 321	7 513	7 513	7 513	760
桥西区	3 889	127	127	127	6 050
新华区	27 501	2 130	2 130	2 130	—
裕华区	1 541	174	204	194	750
井陉矿区	20 849	—	280	480	16 639
藁城区	1 454 533	53 300	67 333	67 233	97 267
鹿泉区	463 295	15 704	29 694	27 513	44 845
栾城区	560 955	23 520	32 520	32 520	16 073
高新区	43 803	3 800	4 920	4 920	—
化工园区	—	—	—	—	6 095
井陉县	330 835	12 300	12 000	8 900	18 952
正定县	822 800	20 790	41 340	38 560	19 947
行唐县	833 392	34 678	46 233	36 050	37 183
灵寿县	455 284	20 850	18 380	32 054	27 831
高邑县	458 950	18 780	20 580	22 726	12 474
深泽县	284 866	11 867	26 355	24 974	27 007
赞皇县	501 886	21 000	33 000	22 000	59 479
无极县	639 398	33 090	45 727	43 289	48 703
平山县	592 081	19 125	20 500	13 480	17 680
元氏县	573 645	34 767	50 467	45 798	19 350
赵县	1 033 538	38 920	72 950	73 810	48 660
晋州市	703 780	39 333	44 000	41 200	193 562
新乐市	1 733 120	43 433	43 383	41 040	32 721
辛集市	1 248 778	51 865	86 531	74 466	35 902

二、主要农作物种植面积及产量

（一）粮食作物种植面积及产量

石家庄主要粮食作物是小麦、玉米、水稻等，常年播种面积 77 万 hm^2 左右。其中，小麦、玉米播种面积 73 万 hm^2 左右，约占农作物播种面积的 75%，总产在 500 万 t 左右。2017 年石家庄粮食播种面积 73.1 万 hm^2，比 2016 年减少 0.6 万 hm^2，下降 0.8%。粮食总产量 500.9 万 t，比 2016 年增长 1.0%。其中，夏粮产量 260.0 万 t，增长 1.4%；秋粮产量 240.9 万 t，增长 0.6%；油料 21.0 万 t，比 2016 年增长 0.8%；棉花 0.4 万 t，比 2016 年下降 25.2%（表 1-3）。

表 1-3　石家庄各县（市、区）农业主要产品播种面积及产量（2016 年）

行政单位	农作物总播种面积(hm^2)	粮食作物		夏粮		秋粮	
		面积(hm^2)	产量(t)	面积(hm^2)	产量(t)	面积(hm^2)	产量(t)
石家庄市	998 987	737 477	4 958 248	369 642	2 563 607	367 835	2 394 641
长安区	7 795	6 679	40 847	3 465	21 467	3 214	19 380
桥西区	1 074	172	1 055	99	597	73	458
新华区	4 451	2 693	15 981	1 425	8 913	1 268	7 068
裕华区	743	543	3 399	280	1 478	169	1 090
井陉矿区	674	562	2 705	374	2 309	282	1 227
藁城区	102 841	65 801	511 099	32 731	249 391	33 070	261 708
鹿泉区	47 143	33 972	200 146	15 867	99 419	18 105	100 727
栾城区	44 115	32 459	243 777	16 441	122 811	16 018	120 966
高新区	5 116	4 266	25 980	2 157	13 314	2 109	12 666
化工园区	7 024	5 528	40 138	2 848	21 445	2 680	18 693
井陉县	29 829	23 251	84 570	7 808	35 430	15 443	49 140
正定县	55 310	38 307	286 584	20 840	155 650	17 467	130 934
行唐县	61 932	37 142	242 621	21 267	139 866	15 875	102 755
灵寿县	36 462	29 564	139 543	12 492	61 514	17 072	78 029
高邑县	32 466	22 260	164 890	11 122	79 243	11 138	85 647
深泽县	35 903	27 809	202 796	12 537	91 697	15 272	111 099
赞皇县	35 925	25 948	95 731	11 745	55 917	14 203	39 814
无极县	65 837	48 542	341 562	25 321	184 826	23 221	156 736
平山县	48 896	36 011	200 649	15 653	101 098	20 358	99 551
元氏县	63 972	52 646	329 793	26 260	170 917	26 386	158 876
赵县	83 428	70 455	563 303	38 013	289 605	32 442	273 698
晋州市	61 498	51 426	352 740	25 020	181 052	26 406	171 688
新乐市	65 263	43 288	313 654	24 332	174 168	18 956	139 486
辛集市	101 290	78 153	554 685	41 545	301 480	36 608	253 205

（二）蔬菜、果树种植面积与产量

2017 年石家庄蔬菜种植面积 16.1 万 hm^2，比 2016 年下降 0.5%。总产量 1 322.9 万 t，增长 0.1%。其中设施蔬菜播种面积 7.3 万 hm^2，产量 592.5 万 t，产量比 2016 年下降 1.8%；园林水果 283 万 t，比 2016 年增长 1.0%（表 1-4）。

表 1-4　石家庄各县（市区）蔬菜、瓜果种植面积及产量（2016 年）

行政单位	蔬菜及食用菌		瓜果类		水果及食用坚果		
	面积（hm^2）	产量（t）	面积（hm^2）	产量（t）	果园面积（hm^2）	水果产量(t)（不含果用瓜）	坚果产量（t）
石家庄市	162 021	9 906	520 727	13 209 572	170 375	2 801 993	63 655
长安区	1 070	18	777	69 173	443	5 900	—
桥西区	824	—	—	53 981	24	67	10
新华区	1 620	46	708	103 680	202	3 350	27
裕华区	173	—	—	4 272	—	—	—
井陉矿区	130	—		8 961	347	4 242	60
藁城区	34 378	317	20 243	3 107 541	7 972	243 140	705
鹿泉区	11 295	216	10 545	927 069	3 788	42 107	2 634
栾城区	9 570	256	10 599	910 480	970	990	100
高新区	848	2	32	53 379	33	1 100	—
化工园区	1 496	—	—	84 312	—	—	—
井陉县	3 370	—	—	182 718	1 642	48 846	2 244
正定县	8 672	539	29 978	870 180	667	17 080	72
行唐县	5 052	400	21 130	376 471	43 528	144 502	600
灵寿县	3 222	190	3 100	237 673	2 710	25 660	14 000
高邑县	8 307	495	33 210	618 295	120	4 671	800
深泽县	6 087	142	9 294	473 204	3 675	115 621	1 523
赞皇县	2 546	195	2 055	158 276	32 750	131 910	19 700
无极县	11 733	552	40 024	887 849	1 002	18 254	—
平山县	6 397	502	13 615	315 989	9 652	60 390	13 650
元氏县	7 109	827	36 885	505 741	5 950	16 186	7 500
赵县	10 930	1 075	66 059	857 870	16 667	620 000	—
晋州市	7 164	62	2 044	557 193	16 067	752 400	—
新乐市	8 464	4 020	218 218	813 904	1 307	30 529	20
辛集市	11 564	52	2 211	1 031 361	20 859	515 048	10

第二章　耕地资源调查的内容和方法

第一节　准备工作

一、组织准备

（一）成立领导小组

为加强耕地质量调查与质量评价试点工作的领导，成立了“石家庄市耕地质量调查与评价工作领导小组”，组织协调，安排资金，制定工作计划，指导调查工作。

领导小组多次召开工作协调会和现场办公会，及时解决工作中出现的问题。为保证在野外调查取样时农民给予积极配合，向各县（市）区印发了通知，要求各县（市）区做好农民的思想工作，消除疑虑，保证调查数据的真实性和可靠性。

（二）成立技术指导小组

成立由土肥站、技术站、植保站等单位负责人组成的技术指导小组，负责项目技术方案的制定，组织技术培训、成果汇总与技术指导，确保技术措施落实到位。聘请中国农业大学、河北农业大学、河北省农林科学院的专家成立“石家庄市耕地质量调查与评价工作专家组”，参与耕地质量调查与评价的技术指导，指导确立评价指标，确定各指标的权重及隶属函数模型等关键技术。

（三）组建野外调查采样队伍

野外调查采样是耕地质量评价的基础，其准确性直接影响评价结果。为保证野外调查工作质量，组成野外调查采样队。调查队由石家庄市各县（市）区农业局技术骨干及各乡镇农业技术人员组成。

二、物质准备

为了更好地完成石家庄市耕地质量评价工作，在已有计算机等一些设备的基础上，配置了手持 GPS 定位仪，印制野外调查表，购置采样工具、样品袋（瓶）；同时还建成了面积为 200m^2 的高标准土壤分析化验室。

三、技术准备

建立市级耕地类型区、耕地质量等级体系，确定石家庄市耕地质量与土壤环境评价指标体系以及耕地质量评价体系。

组织建立 GIS 支持的试点县耕地资源基础数据库，该数据库包括空间数据库和属性数据库，由石家庄市土肥站负责数据库建立和录入以及耕地资源管理信息系统整合。

确定取样点。应用土壤图、土地利用现状图叠加确定评价单元，在评价单元内，参照第二次土壤普查采样点进行综合分析，确定调查和采样点位置。

四、资料准备

1. 图件资料

包括石家庄市行政区划图、土地利用现状图、土壤图等相关图件。

2. 文本资料

包括第二次土壤普查基础资料、土地详查资料、近年来国民经济生产统计年报；土壤监测、田间试验、各县（市、区）历年化肥、农药、除草剂等农用化学品销售投入情况；石家庄市土地利用总体规划、石家庄市各县（市、区）土地利用总体规划；市志、土壤志；主要农作物（含菜田）布局等。

3. 其他相关资料

包括土壤改良、生态建设、土壤典型剖面照片、当地典型景观照片、特色农产品介绍、地方资料介绍。

第二节　野外调查与取样

一、确定采样点位

根据《耕地地力调查与质量评价技术规程》（以下简称《规程》）以及石家庄市的实际情况，本次调查中调查样点的布设采取如下原则和方法。

（一）采样原则

1. 代表性原则

本次调查的特点是在第二次土壤普查的基础上，摸清不同土壤类型、不同土地利用下的土壤肥力和耕地质量的变化和现状。因此，调查布点必须覆盖全区耕地土壤类型以及全部土地利用类型。

2. 典型性原则

调查采样的典型性是正确分析判断耕地质量和土壤肥力变化的保证。特别是样品的采集必须能够正确反映样点的土壤肥力变化和土地利用方式的变化。因此，采样点必须布设在利用方式相对稳定，没有特殊干扰的地块，避免各种调查因素的影响。如蔬菜地的调查，要对新老菜田分别对待，老菜田加大采样点密度，新菜田适当减少布点。

3. 科学性原则

耕地质量的变化以及土壤污染的分布并不是无规律的，是土壤分布规律、污染扩散规律等的综合反映。因此，调查和采样布点上必须按照土壤分布规律布点，不打破土壤图斑的界线。根据污染源的不同设置不同的调查样点，如点源污染，要根据污染企业的污染物排放情况布点；面源污染在本区主要是农业内部的污染，如在不同利用年限的典型棉田调查布点；对污染严重的地区适当加大调查采样点的密度。

4. 比较性原则

为了能够反映第二次土壤普查以来的耕地质量和土壤质量的变化，尽可能在第二次土壤普查的取样点上布点。在上述原则的基础上，调查工作开展之前充分分析了石家庄市的土壤分布状况，收集并认真研究第二次土壤普查的成果以及相关的试验研究和定点监测资料，并且请熟悉全区情况、参加过第二次土壤普查的有关技术人员参加工作。从市土肥站、技术站、经作站等部门抽调熟悉全市耕地利用和农业生产的人员，在河北省土肥站的指导下，通过野外踏勘和室内图件分析，确定调查和采样点，保证本次调查和评价的高质量完成。

（二）布点方法

为了科学反映土壤分布规律，同时，在满足本次调查的基本要求和调查精度基础上，避免重复的工作量，综合考虑行政区划、土壤类型、土地利用、农业两区划定、农业特色产业布局、耕地休养生息规划和耕地质量监测点位已有信息的完整性等因素，科学布设耕地质量调查点位，完善耕地质量监测网络，为确保监测点位代表性延续性、统一性，耕地质量调查点位应基本固定，覆盖市内所有农业具（区、市）并与市级耕地质量评价样点，测土配方施肥取样点、耕地质量长期定位监测点位和耕地资源资产负债表编制监测点位相衔接。全部共设立调查点 1 142 个，其中耕地质量提升和化肥减量增效示范县每县不少于 200 个，测土配方施肥项目县每县不少于 50 个点，其他县（市、区）每县不少于 40 个。同时各县（市、区）可根据工作实际，从监测点位中选择部分点位，作为市、县级耕地质量监测调查点位，并将其固定下来，登记造册，充实完善耕地质量监测网络，为全面开展耕地质量等级调查监测评价工作奠定基础。

二、确定采样方法

采样时应沿着一定的线路，按照“随机”“等量”和“多点混合”的原则进行采样。一般采用“S”形布点采样。在地形变化小、地力较均匀、采样单元面积较小的情况下，也可采用梅花形布点取样，要避开路边、田埂、沟边、肥堆等特殊部位。每个采样点的取土深度及采样量应均匀一致，土样上层与下层的比例要相同。取样器应垂直于地面入土，深度相同。用取土铲取样应先铲出一个耕层断面，再平行于断面取土，所有样品都应采用不锈钢取土器采样。

大田土样在作物收获后或播种施肥前采集取样。野外采样田块确定，根据点位图，到点位所在的村庄，首先向农民了解本村的农业生产情况，确定具有代表性的田块，田块面积要求在 1 亩以上，依据田块的准确方位修正点位图上的点位位置，并用 GPS 定位仪进行定位。

调查、取样：向已确定采样田块的户主，按调查表格的内容逐项进行调查填写。在该田块中按旱田 0~20cm 土层采样；采用“X”法、“S”法、棋盘法其中任何一种方法。石家庄市采用了“S”法，均匀随机采取 15 个采样点，充分混合后，四分法留取 1kg 土样。采样工具用木铲、竹铲、塑料铲、不锈钢土钻等；一袋土样填写两张标签，内外各一。标签主要内容为：样品野外编号（要与大田采样点基本情况调查表和农户调查表相一致）、采样深度、采样地点、采样时间、采样人等。

三、确定分析项目与方法

在采样的同时，要按规定所列项目对样点的立地条件、土壤属性、农田基础设施条件、栽培管理与污染等情况进行详细调查。为了便于分析汇总，样表中所列项目原则上要无一遗漏，并按本说明所规定的技术规范来描述。对样表未涉及但对当地耕地质量评价又起着重要作用的一些因素，可在表中附加，并将相应的填写标准在表后注明。

（一）理化性状

耕层质地：填砂土、砂壤、轻壤、中壤、重壤、黏土。

盐渍化程度：根据耕层含盐量与盐化类型统一测算，填轻度、中度、重度、无。

（二）土壤管理

灌溉能力：填写充分满足（降水不足时可以随时灌溉）、满足（降水不足时关键期可以保障灌溉)、基本满足（降水不足时关键期可以保障灌溉，但大旱之年不能保障灌溉)、不满足（望天田)。

排水能力：填写充分满足、满足、基本满足、不满足。

（三）剖面性状

质地构型：按 1m 土体内不同质地土层排列组合形成填写。全剖面质地相同或仅差 1 级，作为均质土壤，相差 2 级或 2 级以上的按质地间厚度区分。

薄层型：土体厚度小于 30cm；松散型：均一的砂土型；紧实型：均一的粘土型。夹层型：砂粘层次相同排列，砂层和粘层的厚度不大，30~50cm 或更薄一些，砂粘层次适当相同，即可透水透气又可脱水保肥，对温度和养分调节都有良好的作用。上紧下松型（漏砂型)：上粘下砂，保水力强，通透性差，易漏水漏肥，耕性不良，不发小苗也不发老苗，土壤肥力差。上松下紧型：上砂下粘，群众称为蒙金土，通气透水性良好，有利于保水托肥，对土壤水肥气热状况调节较好，宜于作物生长，既发小苗又发老苗。海绵型：通体壤型。

地下水埋深：分为 8 个级别，<1m，1~2m，2~3m，3~5m，5~10m，10~30m，30~50m，≥50m。

障碍因素：按对植物生长构成障碍的类型来确定，也可分为：无、轻度沙化、中度沙化、重度沙化、轻度盐碱、中度盐碱、重度盐碱、粘化层、砂浆层、夹砂层、夹砾石层、钙积层。

（四）立地条件

地形部位：填写山前平原、微斜平原（低平原)、滨海低平地、河谷阶地（河谷两侧)、丘陵中下部、高原滩地（坝上高原)、丘陵上部、中低山坡地。

农田林网化：包括高、中、低三个等级。

（五）健康状况

生物多样性：通过现场调查土壤动物或检测土壤微生物状况综合判断，分为丰富、一般、不丰富。

清洁程度：分为清洁和不清洁。

（六）农田情况调查

灌溉水源类型：分为河流、地下水（深层、浅层)、污水等。

输水方式：分为漫灌、畦灌、沟灌、喷灌等。

灌溉次数：指当年累计的次数。

年灌水量：指当年累计的水量。

灌溉保证率：按实际情况填写。

四、野外调查与取样流程

（一）确定采样时间与周期

在作物收获后或播种施肥前采集，一般在秋后。设施蔬菜在晾棚期采集。果园在果品采摘后的第一次施肥前采集，幼树及未挂果果园应在清园扩穴施肥前采集。进行氮肥追肥推荐时，应在追肥前或作物生长的关键时期采集。同一采样单元，无机氮及植株氮营养快速诊断每季或每年采集1次；土壤有效磷、速效钾等一般2~3年采集1次；中、微量元素一般3~5年采集1次。

（二）确定调查单元和采样点的地理坐标

根据土壤类型、土地利用、耕作制度、产量水平等因素，将采样区域划分为若干个采样单元，每个采样单元的土壤性状要尽可能均匀一致。采样集中在位于每个采样单元相对中心位置的典型地块（同一农户的地块），采样地块面积为0.07~0.67hm^2。在选定的调查单元，选择有代表性的地块，用GPS确定该采样点的经纬度和高程。实际采样时严禁随意变更采样点，若有变更须注明理由。

（三）调查与取样

选择有代表性的地块，取土样、容重样、水样、植株样。

填写采样点基本情况调查表。

填写采样点农户调查表。

在选定的调查单元，选择有代表性的农户，调查蔬菜地设施类型及分布、耕作管理、施肥水平、产量水平、种植制度、灌溉等情况，填写调查表格，并补绘土地利用现状图。要保证足够的采样点，使之能代表采样单元的土壤特性。采样必须多点混合，每个样品取15~20个样点。

（四）填写污染源基本情况调查表

在大田和蔬菜地，如果有点源污染和面源污染源的存在，要同时按照污染调查的内容填写污染源基本情况表。

（五）调查数据的整理

采集的样品放入统一的样品袋，用铅笔写好标签，内外各一张。由野外调查所产生的一级数据（基本调查表），经技术负责人审核后，由专业人员按数据库要求进行编码、整理、录入。

第三节　室内分析与质量控制

一、土壤样品制备与管理

混和土样以取土 1kg 左右为宜（用于推荐施肥的 0.5kg，用于田间试验和耕地质量评价的 2kg 以上，长期保存备用），可用四分法将多余的土壤弃去。方法是将采集的土壤样品放在盘子里或塑料布上，弄碎、混匀，铺成正方形，画对角线将土样分成四份，把对角的两份分别合并成一份，保留一份，弃去一份。如果所得的样品依然很多，可再用四分法处理，直至所需数量为止。

1. 新鲜样品

某些土壤成分如二价铁、硝态氮、铵态氮等在风干过程中会发生显著变化，必须用新鲜样品进行分析。为了能真实反映土壤在田间自然状态下的某些理化性状，新鲜样品要及时送回室内进行处理分析，用粗玻璃棒或塑料棒将样品混匀后迅速称样测定。新鲜样品一般不宜贮存，如需要暂时贮存，可将新鲜样品装入塑料袋，扎紧袋口，放在冰箱冷藏室或进行速冻保存。

2. 风干样品

从野外采回的土壤样品要及时放在样品盘上，摊成薄薄一层，并且经常翻动，置于干净整洁的室内通风处自然风干，严禁暴晒，并注意防止酸、碱等气体及灰尘的污染。风干过程中要经常翻动土样并将大土块捏碎以加速干燥，同时剔除侵入体。

风干后的土样按照不同的分析要求研磨过筛，充分混匀后，装入样品瓶中备用。瓶内外各放标签一张，写明编号、采样地点、土壤名称、采样深度、样品粒径、采样日期、采样人及制样时间、制样人等项目。制备好的样品要妥善贮存，避免日晒、高温、潮湿和酸碱等气体的污染。全部分析工作结束，分析数据核实无误后，试样一般还要保存 3~12 个月，以备查询。

（1）一般化学分析试样　将风干后的样品平铺在制样板上，用木棍或塑料棍碾压，并将植物残体、石块等侵入体和新生体剔除干净。细小已断的植物须根可采用静电吸附的方法清除。压碎的土样用 2mm 孔径筛过筛，未通过的土粒重新碾压，直至全部样品通过2mm孔径筛为止。通过2mm孔径筛的土样可供pH值、盐分、交换性能及有效养分等项目的测定。将通过2mm孔径筛的土样用四分法取出一部分继续碾磨，使之全部通过0.25mm孔径筛，供有机质、全氮、碳酸钙等项目的测定。

(2) 微量元素分析试样　用于微量元素分析的土样，其处理方法同一般化学分析样品，但在采样、风干、研磨、过筛、运输、贮存等环节，不要接触容易造成样品污染的铁、铜等金属器具。采样、制样推荐使用不锈钢、木、竹或塑料工具，过筛使用尼龙网筛等，通过2mm孔径尼龙筛的样品可用于测定土壤有效态微量元素。

(3) 颗粒分析试样　将风干土样反复碾碎，用2mm孔径筛过筛。留在筛上的碎石称量后保存，同时将过筛的土壤称重，计算石砾质量百分数。将通过2mm孔径筛的土样混匀后盛于广口瓶内，用于颗粒分析及其他物理性状测定。

若风干土样中有铁锰结核、石灰结核或半风化体，不能用木棍碾碎，应首先将其细心拣出称量保存，然后再进行碾碎。

二、分析项目与方法

1. 物理性状

土壤容重采用环刀法。

2. 化学性状

土壤pH值的测定采用玻璃电极法；土壤有机质的测定采用重铬酸钾—硫酸溶液—油浴法；土壤有效磷的测定采用碳酸氢钠提取—钼锑抗比色法；土壤速效钾的测定采用乙酸铵提取—原子吸收分光光度法；土壤全氮的测定采用凯氏定氮法；土壤缓效钾的测定采用硝酸提取—原子吸收分光光度法；土壤有效性铜、锌、铁、锰的测定采用DTPA提取—原子吸收分光光度法；土壤有效态硫的测定采用氯化钙提取，硫酸钡比浊法；土壤水解性氮的测定采用碱解扩散法；土壤有效硅的测定采用柠檬酸浸提—硅钼蓝比色法；土壤铅、镉的测定采用王水—高氯酸—原子吸收光谱法；土壤砷的测定采用氢化物发生原子吸收光谱法；土壤汞的测定采用硫酸—五氧化二钒消煮—冷原子吸收法；土壤铬的测定采用氢氟酸—高氯酸—硝酸消煮—原子吸收光谱法。

三、分析质量与控制

(一) 实验室基本要求

实验室资格：通过省级（或省级以上）计量认证或通过全国农业技术推广服务中心资格考核。

实验室布局：足够的面积，总体设计合理，每一类分析操作有单独的区域，具备与检测项目相适应的水、电、通风排气、照明、废水及废物处理等设施。

人员：配备经过培训考核合格的相应专业技术人员，承担各自相应的检测项目。

仪器设备：与承检项目相适应，其性能和精度满足检测要求。

环境条件：满足承检项目、仪器设备的检测要求。

实验室用水：用离子交换法制备，并符合《分析实验室用水规格和试验方法》（GB/T 6682—2008）的规定。常规检验使用三级水，配制标准溶液用水、特定项目用水应符合二级水要求。

（二）分析质量控制基础实验

1. 全程序空白值测定

全程序空白值是指用某一方法测定某物质时，除样品中不含该物质外，整个分析过程中引起的信号值或相应浓度值。

方差计算：每次做 2 个平行样，连测 5 天共得 10 个测定结果，计算批内标准偏差 S_{wb} 按下式计算：

$$S_{wb}=\{\sum(X_i-X_{平})^2/m(n-1)\}^{1/2}$$

式中，n—每天测定平均样个数；m—测定天数。

2. 检出限

检出限是指对某一特定的分析方法在给定的置信水平内可以从样品中检测待测物质的最小浓度或最小量。根据空白测定的批内标准偏差（S_{wb}）按下列公式计算检出限（95%的置信水平）。

（1）若试样一次测定值与零浓度试样一次测定值有显著性差异时，检出限按下式计算：

$$L=2\times2^{1/2}t_fS_{wb}$$

式中：L—方法检出限；t_f—显著水平为 0.05（单侧）自由度为 f 的 t 值；S_{wb}—批内空白值标准偏差；f—批内自由度，$f=m(n-1)$，m 为重复测定次数，n 为平行测定次数。

（2）原子吸收分析方法中用下式计算检出限：

$$L=3S_{wb}$$

分光光度法以扣除空白值后的吸光值为 0.010 相对应的浓度值为检出限。

由测得的空白值计算出 L 值不应大于分析方法规定的最低检出浓度值，如大于方法规定值时，必须寻找原因降低空白值，重新测定计算直至合格。

3. 校准曲线

标准系列应设置 6 个以上浓度点。

根据一元线性回归方程　$y=a+bx$

y 为吸光度；x 为待测液浓度；a 为截距；b 为斜率。

校准曲线控制：每批样品皆需做校准曲线；校准曲线相关系数（R）要求>0.999，且有良好重现性；即使校准曲线有良好重现性也不得长期使用；待测液浓度过高时不能任意外推；大批量分析时每测 20 个样品也要用一标准液校验，以查仪器灵敏度飘移。

4. 精密度控制

（1）测定率　凡可以进行平行双样分析的项目，每批样品每个项目分析时均须做10%~15%的平行样品，5 个样品以下，应增加到 50%以上。

（2）测定方式　由分析者自行编入的明码平行样，或由质控员在采样现场或实验室编入的密码平行样。二者等效、不必重复。

（3）合格要求　平行双样测定结果的误差在允许误差范围之内者为合格，部分项目允许误差范围参照表 2-1。当平行双样测定全部不合格者，重新进行平行双样的测定；平行双样测定合格率<95%时，除对不合格者重新测定外，再增加 10%~20%的测定率，如此累进，直到总合格率为 95%。在批量测定中，普遍应用平行双样实验，其平行测定结果之差为绝对相差；绝对相差除以平行双样结果的平均值即为相对相差。当平行双样测定结果超过允许范围应查找原因重新测定。

$$相对相差(T)=|a_1-a_2|\times100/0.5(a_1+a_2)$$

表 2-1　平行测定结果允许误差

项目	含量范围	绝对误差	项目	范围	允许误差
有机质 （g/kg）	<10 10~40 40~70 >100	≤0.5 ≤1.0 ≤3.0 ≤5.0	有效锌 （铜）	<1.50 ≥1.50	绝对误差 ≤0.15mg/kg 相对误差≤10%
全氮 （g/kg）	>1 1~0.6 <0.6	≤0.05 ≤0.04 ≤0.03	有效锰 （铁）	<15.0 ≥15.0	绝对误差 ≤1.5mg/kg 相对误差≤10%
有效磷 （mg/kg）	<10 10~20 >20	≤0.5 ≤1.0 ≤0.05	缓效钾	—	相对误差≤8%
pH 值	中性 酸性土壤 碱性土壤	≤0.1pH 单位 ≤0.2pH 单位	速效钾	—	相对误差≤5%
有效硫	—	相对误差 ≤10%	水解性氮	—	相对误差≤10%

5. 准确度控制

本工作仅在土壤分析中执行。

（1）使用标准样品或质控样品 例行分析中，每批要带测质控平行双样，在测定的精密度合格的前提下，质控样测定值必须落在质控样保证值（在 95% 的置信水平）范围之内，否则本批结果无效，需重新分析测定。

（2）加标回收率的测定 当选测的项目无标准物质或质控样品时，可用加标回收实验来检查测定准确度。

取两份相同的样品，一份加入已知量的标准物，两份在同一条件下测定其含量，加标的一份所测得的结果减去未加标一份所测得的结果，其差值同加入标准物质的理论值之比即为样品加标回收率。

回收率 =（加标试样测得总量-样品含量）×100/加标量

加标率。在一批试样中，随机抽取 10%~20%试样进行加标回收测定。样品数不足 10 个时，适当增加加标比率。每批同类型试样中，加标试样不应小于 1 个。

加标量。加标量视被测组分的含量而定，含量高的加入被测组分含量的 0.5~1.0 倍，含量低的加 2~3 倍，但加标后被测组分的总量不得超出方法的测定上限。加标浓度宜高，体积应小，不应超过原试样体积的 1%。

合格率。加标回收率应在允许的范围内，如果要求允许差值为±2%，则回收率应在 98%~102%。回收率越接近 100%，说明结果越准确。

6. 实验室间的质量考核

（1）发放已知样品 在进行准备工作期间，为便于各实验室对仪器、基准物质及方法等进行校正，发放已知含量的样品，由各实验室检测，以达到消除系统误差的目的。

（2）发放考核样品 考核样应有统一编号、分析项目、稀释方法、注意事项等。含量由主管掌握，各实验室不知道，考核各实验室分析质量，样品应按要求时间内完成。并填写考核结果（表 2-2、表 2-3）。

表 2-2 实验室已知样液测定结果（样表）

考核元素	编号	测定日期	测定次数与结果（mg/kg）						平均值 X	标准差 S	相对标准差（%）	全程空白（mg/kg）	相关系数（R）	方法与仪器
			1	2	3	4	5	6						

测定单位分析质控负责人

测定人　　　　　　　　　　室主任

表 2-3 实验室未知考核样测定结果（样表）

考核元素	编号	测定日期	测定次数与结果（mg/kg）						平均值 X	标准差 S	相对标准差（%）	全程空白（mg/kg）	相关系数（R）	方法与仪器
			1	2	3	4	5	6						

测定单位分析质控负责人

测定人　　　　　　　　　室主任

7. 异常结果发现时的检查与核对

（1）Grubb's 法　在判断一组数据中是否产生异常值时，可用数理统计法加以处理观察，采用 Grubb's 法。

$$T_{计}=|X_k-X|/S$$

其中，X_k 为怀疑异常值；X 为包括 X_k 在内的一组平均值；S 为包括 X_k 在内的标准差。

根据一组测定结果，从由小到大排列，按上述公式，X_k 可为最大值，也可为最小值。根据计算样本容量 n 查 Grubb's 检验临界值 Ta 表，若 $T_{计} \geqslant T_{0.01}$，则 X_k 为异常值；若 $T_{计}<T_{0.01}$，则 X_k 不是异常值。

（2）Q 检验法　多次测定一个样品的某一成分，所得测定值中某一值与其他测定值相差很大时，常用 Q 检验法决定取舍。

$$Q=d/R$$

其中，d 为可疑值与最邻近数据的差值；R 为最大值与最小值之差（极差）。

将测定数据由小到大排列，求 R 和 d 值，并计算得 Q 值，查 Q 表，若 $Q_{计算}>Q_{0.01}$，则为异常值，舍去。

第四节　耕地资源管理信息系统的建立与应用

一、耕地资源管理信息系统总体设计

（一）系统任务

耕地质量管理信息系统的任务在于应用计算机及 GIS 技术、遥感（RS）技术，存储、分析和管理耕地质量信息，定量化、自动化地完成耕地质量评价流程，提高耕地资源管理的水平，为耕地资源的高效、可持续利用奠定基础。

（二）系统功能

结合当前的耕地质量分析管理需求，耕地质量分析管理系统应具备的功能如下。

1. 多种形式的耕地质量要素信息的输入输出功能

支持数字、矢量图形、图像等多种形式的信息输入与输出。主要如下。

统计资料形式：如耕地质量各要素调查分析数据、社会经济统计数据等。

图形形式：不同时期、不同比例尺的地貌、土壤、土地利用等耕地质量相关专题图等。

图像形式：包括耕地利用实地景观图片、遥感图像等。遥感图像又包括卫（航）片和数字图像两种形式。

文献形式：如土壤调查报告、耕地利用专题报告等。

其他形式：其他介质存贮的其他系统数据等。

2. 耕地质量信息的存储及管理功能

存储各类耕地质量信息，实现图形与相应属性信息的连接，进行各类信息的查询及检索。完成统计数据的查询、检索、修改、删除、更新，图形数据的空间查询、检索、显示、数据转换、图幅拼接、坐标转换以及图像信息的显示与处理等。

3. 多途径的耕地质量分析功能

包括对调查分析数据的统计分析、矢量图形的叠加等空间分析和遥感信息处理分析等功能。

4. 定量化、自动化的耕地质量评价

通过定量化的评价模型与 GIS 的连接，实现从信息输入、评价过程，到评价结果输出的定量化、自动化的耕地质量评价流程。

（三）系统功能模块

采用模块化结构设计，将整个系统按功能逐步由上而下、从抽象到具体，逐层次地分解为既具有相对独立功能、又具有一定联系的模块，每一模块可用简便的程序实现具体的特定功能。各模块可独立运行使用，实现相应的功能，并可根据需要进行方便的连接和删除，从而形成多层次的模块结构，系统模块结构如图 2-1 所示。

输入输出模块：完成各类信息的输入及输出。

耕地质量评价模块：完成评价单元划分、参评因素提取及权重确定、评价分等定级等过程，支持进行耕地质量评价。

统计分析模块：完成耕地质量调查统计数据的各种分析。

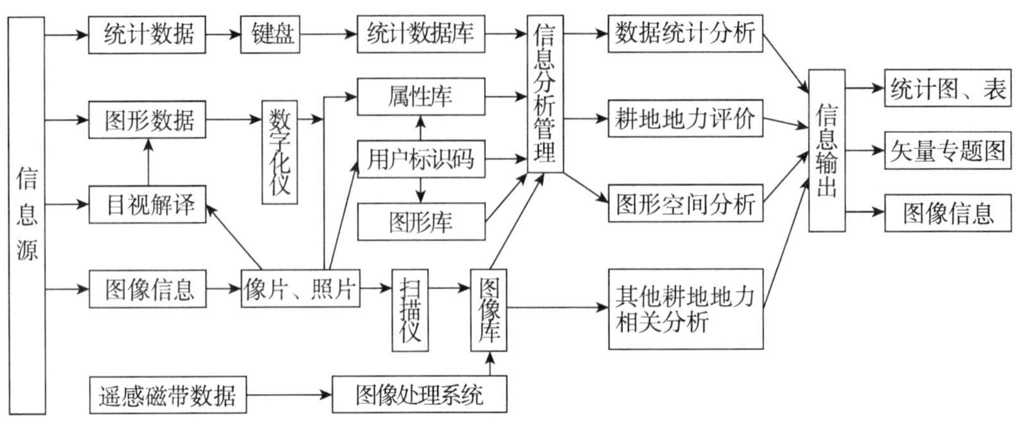

图 2-1　石家庄市耕地资源管理系统模块结构

空间分析模块：对耕地质量及其相关矢量专题图进行分析管理，完成坐标转换、空间信息查询检索、叠加分析等工作。

遥感分析模块：进行遥感图像的几何校正、增强处理、图像分类、差值图像等处理，完成土地利用及其动态、耕地质量信息的遥感分析。

（四）系统应用模型

系统包括评价单元划分、参评因素选取、权重确定及耕地质量等级确定的各类应用模型，支持完成定量化、自动化的整个耕地质量评价过程（图 2-2），具体的评价单元的划分及评价数据提取模型如下。

评价单元是土地评价的基本单元，评价单元的划分有以土壤类型、土地利用类型等进行划分的多种方法，但应用较多的是以地貌类型—土壤类型—植被（利用）类型的组合划分方法，耕地质量分析管理系统中耕地质量评价单元的划分采用叠加分析模型，通过土壤、土地利用等图幅的叠加自动生成评价单元图。

评价数据的提取是根据数据源的形式采用相应的提取方法，一是采用叠加分析模型，通过评价单元图与各评价因素图的叠加分析，从各专题图上提取评价数据；二是通过复合模型将土地调查点与评价单元图复合，从各调查点相应的调查、分析数据中提取各评价单元信息。

二、资料收集与整理

耕地质量评价是以耕地的各性状要素为基础。因此，必须广泛地收集与评价有关的各类自然和社会经济因素资料，为评价工作做好数据的准备。本次耕地质量评价收集获取的资料主要包括以下几个方面。

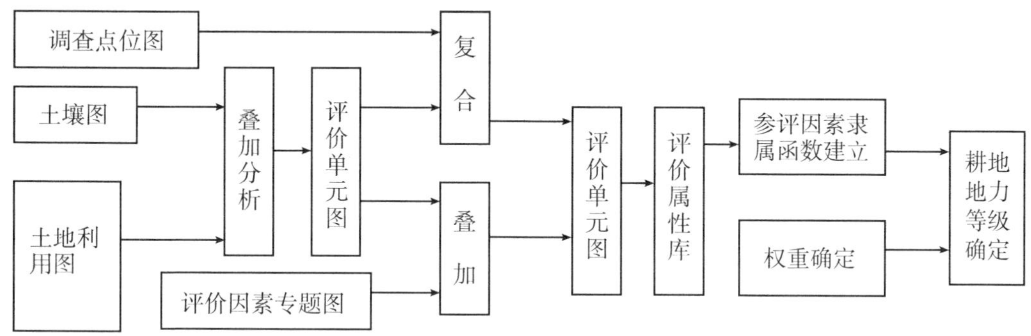

图 2-2　耕地质量评价计算机流程

1. 概念型调查资料

成土母质、地貌类型、质地构型、地形部位、田间坡度、地下水埋深、有效土层厚度、耕层厚度、耕层质地、土壤容重、障碍因素、障碍层类型、障碍层深度、障碍层厚度、灌溉能力、灌溉方式、水源类型、排水能力、熟制、常年耕作制、主栽作物名、年产量、生物多样性、农田林网化、盐化类型、盐渍化程度等数据。

2. 室内化验分析资料

包括有机质、全氮、速效氮、全磷、速效磷、速效钾等大量养分含量，钙、镁、硫、硅等中量元素含量，有效锌、有效硼、有效钼、有效铜、有效铁、有效锰等微量养分含量以及 pH 值、土壤污染元素含量等。

3. 社会经济统计资料

以行政区划为基本单位的人口、土地面积、作物及蔬菜瓜果面积以及各类投入产出等社会经济指标数据。

4. 基础图件及专题图件资料

行政区划图、土地利用现状图、地貌图、土壤图等。

5. 遥感资料

为了更加客观准确地获取石家庄市耕地的利用及地力状况，专门订购了 2016 年春季的陆地卫星 TM 数字图像，通过数字遥感图像分析，更新土地利用图，准确确定耕地空间分布，并根据作物长势分析耕地质量状况。

三、属性数据库的建立

获取的评价资料可以分为定量和定性资料两大部分，为了采用定量化的评价方法和自动化的评价手段，减少人为因素的影响，需要对其中的定性因素进行定量化处理，根据因素的级别状况赋予其相应的分值或数值，采用常规数据库管理软件，以调查点为基本数据库记录，以各耕地质量性状要素数据为基本字段，建立耕地质量基础属性信息数据库，应用该数据库进行耕地质量性状的统计分析，它是耕地质量管理的重要基础数据。

此外，对于土壤养分因素，例如有机质、氮、磷、钾、锌、硼、钼等养分数据，首先按照野外实际调查点进行整理，建立以各养分为字段，以调查点为记录的数据库，之后，进行土壤采样点位图与分析数据库的连接，在此基础上对各养分数据进行自动的插值处理，经编辑，自动生成各土壤养分专题图层。将扫描矢量化及插值等处理生成的各类专题图件，在 Arcinfo 软件的支持下，以点、线、区文件的形式进行存储和管理，同时将所有图件统一转换到相同的地理坐标系统，进行图件的叠加等空间操作，各专题图的图斑属性信息通过键盘交互式输入，构成基本专题图的图形数据库。图形库与基础属性库之间通过调查点相互连接。

四、空间数据库的建立

利用耕地资源管理信息系统将农用地地块图、行政区划图和土壤图制作耕地质量评价单元图。将调查点概念型指标使用空间链接将数据赋值给评价单元；利用插值方法将调查点养分数据生成养分插值图，使用空间链接将插值图数据赋值给评价单元，然后将评价单元导入耕地资源管理系统，建立耕地资源管理空间数据库。

五、耕地资源管理信息系统的建立与应用

（一）信息的处理

数据分类及编码是对系统信息进行统一而有效管理的重要依据和手段，为便于耕地质量信息的存储、分析和管理，实现系统数据的输入、存储、更新、检索查询、运算以及系统间数据的交换和共享，需要对各种数据进行分类和编码。

目前，对于耕地质量分析与管理系统数据尚没有统一的分类和编码标准，在石家庄市系统数据库建立中主要借鉴了相关的已有分类编码标准。如土壤类型的分类和编码以及有关土壤养分的级别划分和编码，主要依据第二次土壤普查的有关标准。土地利用类型的划分则采用由全国农业区划委员会制订的，土地资源详查的划分标准。其他如耕地质量评价结果、文件的统一命名等则考虑应用和管理的方便，制订了统一的规范，为信息的交换和共享提供了接口。

（二）信息的输入及管理

1. 图形数据的入库与管理

（1）数据整理与输入　为保证数据输入的准确、快速，需进行数据输入前的整理。

首先需对专题图件进行精确性、完整性、现势性的分析，在此基础上对专题地图的有关内容进行分层处理，根据系统设计要求选取入库要素。图形信息的输入可采用手扶跟踪数字化或扫描矢量化方法，相应的属性数据采用键盘录入。

（2）图形编辑及属性数据连接　数字化的几何图形可能存在悬挂线段、多边形标识点错误和小多边形等错误，利用 Arcgis 提供的点、线和区属性编辑修改工具可进行图面的编辑修改、制图综合。对于图层中的每个图形单元均有一个标志码来唯一确定，它既存在位置数据中，又存放在相应的属性文件中，作为属性表的一个关键字段，由此将空间数据和属性数据联接在一起。可分别在数字化过程中以及图形编辑中完成图形标志码的输入，对应标志码添加属性数据信息。

（3）坐标变换与图形拼接　利用县域耕地资源管理系统建立的工作空间进行数据导入，若导入的数据坐标不一致，则矢量数据无法导入，这就需要在作业过程中把控点位调查坐标，矢量图件坐标的一致性，统一使用西安 80 坐标体系。对于坐标系统不一致的数据，可使用 Arcgis 工具进行坐标转换，其中不涉及地理坐标系变换的坐标变换，可直接进行工具转换，对于涉及地理坐标系变换的坐标变换的数据需要利用三参数或七参数进行修正，参数的获取可咨询当地测绘部门，保密使用。

（4）图形信息的管理　经过对图形信息的输入和处理，分别建立了相应的图形库和属性库。Arcgis 软件通过点、线和区文件的形式实现对图形的存储管理，可采用 Excel、Foxpro 等直接进行其相应属性数据的操作管理，使操作更加方便和灵活。

2. 统计数据的建库管理

对统计数据内容进行分类，考虑系统有关模块使用统计数据的方便，按照 Microsoft Access 等建库要求建立数据库结构，键盘录入各类统计数据，进行统一的管理。

3. 图像信息的建库管理

以遥感图像分析处理软件 ENVI 进行管理，该软件具有图像的输入输出、纠正处理、增强处理、图像分类等各种功能，其分析处理结果可以转为 BMP、JPG、TIF 等普通图像格式，由此可通过 Photoshop 等与其他景观照片等图像进行统一管理，建立图像库。

（三）系统软硬件及界面设计

系统硬件

根据耕地质量分析管理的需要，耕地质量分析管理系统的基本硬件配置为：高档微机、数字化仪（A0）、喷墨绘图仪（A0）、扫描仪（A0）、打印机等（图 2-3）。

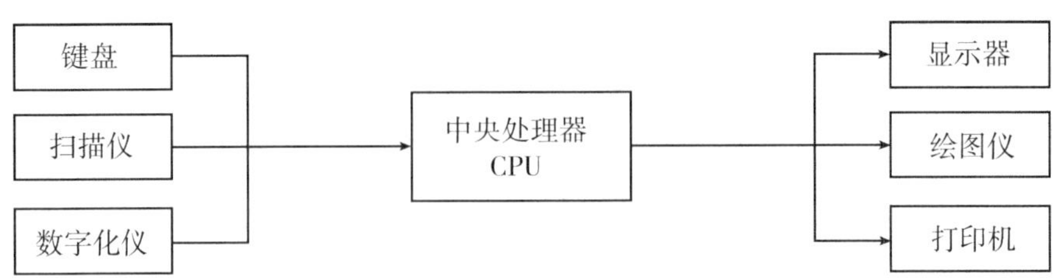

图 2-3　耕地质量分析管理系统的基本硬件配置

第三章 耕地土壤属性

第一节 耕地土壤类型与分布规律

一、土壤类型

石家庄市土壤类型为棕壤、褐土、石质土、粗骨土、新积土、风沙土、潮土、沼泽土、山地草甸土、水稻土、盐土共计 11 个土类，23 个亚类，93 个土属，详见表 3-1。

表 3-1 石家庄市主要土类

土类	亚类	土种	面积（亩）	比例（%）
棕壤	棕壤	非耕种酸性硅铝质棕壤	335 863	2.009
		非耕种基性硅铝质棕壤	39 296	0.235
		非耕种钙质棕壤	1 691	0.010
		非耕种硅质棕壤	16 082	0.096
		洪冲积壤质棕壤	3 922	0.023
	棕壤性土	非耕种酸性硅铝质棕壤性土	47 046	0.281
褐土	褐土	酸性硅铝质褐土	1 367	0.008
		非耕种基性硅铝质褐土	405 472	2.425
		非耕种钙质土	104 164	0.623
		洪冲积壤质土	20 726	0.124
	淋溶褐土	非耕种基性硅铝质淋溶褐土	25 567	0.153
		非耕种酸性硅铝质淋溶褐土	505 196	3.022
		非耕种硅质淋溶褐土	3 607	0.022
		洪冲积壤质淋溶褐土	6 629	0.040
	石灰性褐土	非耕种基性硅铝质石灰性褐土	23 072	0.138
		非耕种酸性硅铝质石灰性褐土	51 425	0.308
		酸性硅铝质石灰性褐土	240 197	1.437
		钙质石灰性褐土	12 792	0.077
		非耕种钙质石灰性褐土	166 758	0.997
		硅泥铝质石灰性褐土	541	0.003
		非耕种硅质石灰性褐土	11 106	0.066

（续表）

土类	亚类	土种	面积（亩）	比例（%）
		黄土状壤质石灰性褐土	676 447	4. 046
		红黄土壤质石灰性褐土	4 088	0. 024
		新红土壤质石灰性褐土	4 810	0. 029
		黄土状洪冲积壤质石灰性褐土	424 118	2. 537
		冰碛壤质石灰性褐土	11 162	0. 061
		砂壤质洪冲积石灰性褐土	27 401	0. 164
		砂壤质洪冲积石灰性褐土	1 591	0. 010
		轻壤质洪冲积石灰性褐土	1 644 762	9. 838
		轻壤质洪冲积石灰性褐土	38 999	0. 233
		轻壤质洪冲积石灰性褐土	12 916	0. 077
		轻壤质洪冲积石灰性褐土	37 954	0. 277
		轻壤质洪冲积石灰性褐土	27 202	0. 163
		轻壤质洪冲积石灰性褐土	441	0. 003
		中壤质洪冲积石灰性褐土	1 568	0. 009
		砂壤质非耕种洪冲积石灰性褐土	933	0. 006
		砂壤质河流冲积石灰性褐土	1 095	0. 007
	潮褐土	砂质洪冲积潮褐土	50 380	0. 301
		砂质洪冲积潮褐土	1 531	0. 009
		砂壤质洪冲积潮褐土	318 926	1. 908
		砂壤质洪冲积潮褐土	2 842	0. 017
		轻壤质洪冲积潮褐土	3 878 781	23. 200
		轻壤质洪冲积潮褐土	206 673	1. 236
		轻壤质洪冲积潮褐土	212 095	1. 269
		轻壤质洪冲积潮褐土	13 640	0. 082
		中壤质洪冲积潮褐土	70 160	0. 420
		中壤质洪冲积潮褐土	3 149	0. 019
		壤质黄土状洪冲积潮褐土	48 834	0. 292
		轻壤质河流冲积潮褐土	10 083	0. 060
		轻壤质河流冲积潮褐土	1 368	0. 008
		砂壤质非耕种洪冲积潮褐土	43 907	0. 263
		壤质人工堆垫潮褐土	6 044	0. 036
	褐土性土	非耕种基性硅铝质褐土性土	29 726	0. 178
		非耕种酸性硅铝质褐土性土	212 927	1. 247
		非耕种钙质褐土性土	128 348	0. 768
		非耕种风积砂质褐土性土	98 693	0. 590
		非耕种冰碛壤质褐土性土	1 927	0. 012
石质土	硅铝质石质土	酸性硅铝质石质土	15 066	0. 090
粗骨土	硅铝质粗骨土	基性硅铝质粗骨土	2 883	0. 017
		酸性硅铝质粗骨土	2 762 165	16. 521
		泥硅铝质粗骨土	39 705	0. 237
		硅质粗骨土	72 570	0. 434

（续表）

土类	亚类	土种	面积（亩）	比例（%）
		钙质粗骨土	100 942	0.604
新积土	石灰性新积土	砂质非耕种河流冲积新积土	229 002	1.370
		砂壤质河流冲积新积土	97 060	0.581
风沙土	半固定风沙土	风积砂质半固定风沙土	10 145	0.061
		风积砂壤质半固定风沙土	8 991	0.054
潮土	潮土	轻壤质洪冲积潮土	22 508	0.135
		轻壤质洪冲积潮土	8 059	0.048
		砂壤质非耕种洪冲积潮土	6 927	0.041
		砂质河流冲积潮土	43 429	0.260
		砂壤质河流冲积潮土	194 072	1.61
		砂壤质河流冲积潮土	27 538	0.165
		轻壤质河流冲积潮土	527 844	3.157
		轻壤质河流冲积潮土	160 134	0.958
		轻壤质河流冲积潮土	308 317	1.844
		中壤质河流冲积潮土	106 594	0.638
		中壤质河流冲积潮土	8 931	0.053
		重壤质河流冲积潮土	3 014	0.018
		砂质非耕种洪冲积潮土	22 719	0.136
		砂壤质非耕种河流冲积潮土	37 410	0.224
		轻壤质非耕种河流冲积潮土	742	0.004
		轻壤质非耕种河流冲积潮土	10 365	0.062
		轻壤质脱沼泽潮土	590	0.004
		轻壤质脱沼泽潮土	651	0.004
		壤质人工堆垫潮土	26 312	0.157
		壤质人工灌淤潮土	11 280	0.067
	湿潮土	砂壤质河流冲积湿潮土	2 614	0.016
		轻壤质河流冲积湿潮土	11 961	0.072
		轻壤质河流冲积湿潮土	3 925	0.023
		砂质非耕种河流冲积湿潮土	491	0.003
		轻壤质非耕种河流冲积湿潮土	2 142	0.013
		轻壤质非耕种河流冲积湿潮土	6 546	0.039
		壤质人工堆垫湿潮土	4 711	0.028
	脱潮土	砂壤质洪冲积脱潮土	96 385	0.577
		砂壤质洪冲积脱潮土	3 090	0.018
		轻壤质洪冲积脱潮土	803 329	4.805
		轻壤质洪冲积脱潮土	68 109	0.407
		轻壤质洪冲积脱潮土	7 671	0.046
		中壤质洪冲积脱潮土	26 810	0.160
		中壤质洪冲积脱潮土	3 406	0.020
		砂壤质河流冲积脱潮土	15 943	0.095
		轻壤质河流冲积脱潮土	293 562	1.756

（续表）

土类	亚类	土种	面积（亩）	比例（%）
		轻壤质河流冲积脱潮土	44 439	0.266
		轻壤质河流冲积脱潮土	15 817	0.095
		中壤质河流冲积脱潮土	2 283	0.014
	盐化潮土	轻度氯化物硫酸盐盐化潮土	75 969	0.454
		中度氯化物硫酸盐盐化潮土	6 631	0.040
		重度氯化物硫酸盐盐化潮土	17 219	0.103
沼泽土	沼泽土	轻壤质河流冲积沼泽土	20 042	0.120
		轻壤质非耕种河流冲积沼泽土	1 011	0.006
	草甸沼泽土	砂壤质非耕种河流冲积草甸沼泽土	8 570	0.051
		轻壤质非耕种河流冲积草甸沼泽土	1 752	0.010
		轻壤质非耕种河流冲积草甸沼泽土	6 665	0.040
山地草甸土	硅铝质山地草甸土	非耕种酸性硅铝质山地草甸土	3 374	0.020
水稻土	潜育型水稻土	轻壤质河流冲积潜育型水稻土	3 156	0.019
		轻壤质河流冲积潜育型水稻土	8 495	0.051
	潴育型水稻土	中壤质河流冲积潴育型水稻土	3 562	0.021
盐土	草甸盐土	轻壤质硫酸盐氯化物草甸盐土	4 967	0.030

二、分布规律

石家庄市土壤的分布规律包括土壤垂直分布规律，土壤水平分布规律和土壤区域性分布规律，现分述于下。

（一）土壤垂直分布规律

石家庄市土壤垂直分布规律即土壤垂直带谱，在西部山区极为明显。由于生物气候随着海拔高度的上升呈有规律的变化，致使土壤类型也随之呈现有规律的分布。以平山县南坨土壤垂直带谱的土壤分布为例，山体自低山至中山，气候由半干旱半湿润经温凉而湿润变化成冰冷而湿润，植被则由旱生灌丛—半湿润阔叶灌丛林—针阔叶林—湿润阔叶林—草灌丛。土壤的成土过程自半淋溶转化为淋溶过程。因此，在不同的海拔高度，气候、植被、水分呈有规律的变化。其土壤类型低山至中山为石灰性褐土—褐土—淋溶褐土—棕壤—山地草甸土。其随海拔高度而分布为：石灰性褐土 600m 以下，褐土为 500~800m，淋溶褐土为 700~1 200m，棕壤为 1 000~1 200m，山地草甸土为 1 900~2 281m。其土壤垂直带谱的基带为褐土带和棕壤带。

山体的坡向不同造成水热条件和植被的差异。因此，土壤垂直带谱在南北坡向的分布高低也有差异。以平山县南坨土壤垂直带谱为例，南北坡向带距差 100~200m，南坡的棕壤要比北坡的棕壤出现部位高 100~200m。

（二）土壤水平分布规律

石家庄市的地形自西向东逐渐降低，海拔高程由 2 281m 递降至 25m。气候自西向东由温凉湿润向温暖干燥过渡，植被由针阔叶林向旱生灌丛过渡。因此，土壤自西向东有规律地分布。

1. 温凉湿润落叶针阔叶林及灌丛土壤—棕壤

分布于石家庄市的西部中山地区，植被有桦、栎、油松等乔木及六道木、杜鹃等灌木。因降水较丰沛，故土壤呈淋溶状态，钙质淋失，土壤呈微酸性。

2. 温暖干燥阔叶林及旱生灌丛土壤—褐土

分布于石家庄市西部低山、丘陵及山麓平原的上部。气候温暖干燥，由于降水量减少，植被多为旱生灌丛如酸枣、荆条、白草、菅草等。土壤呈弱淋溶状态，土壤物质如钙质粘粒等在土层下部淀积，故土壤有钙积和黏化过程。

低山上部气候为温凉湿润向温暖干燥过渡地带，因此淋溶褐土是棕壤和褐土的过渡类型土壤。其植被不仅有棕壤的典型植被，如杜鹃、栎树等，而且有褐土的典型植被如荆条、胡枝子等。

山麓平原的下部，由于地形平坦，地下水位较高，土壤除处于弱淋溶过程外，地下水也参与成土过程。土壤中的铁锰元素在土层下部因氧化还原交替进行而呈铁子或锈纹锈斑状。土壤为潮褐土。

3. 温暖草甸土壤—潮土

分布于山麓平原下部至冲积平原交接洼地。由于地形平坦、地下水位较高，地下水参与成土过程。气候虽属温暖干燥，但因地下水较高，所以土壤经常处于湿润状态。土壤中铁锰元素氧化还原频繁交替进行，故土壤具有明显且较大的锈纹锈斑。

在潮土区的西部，因地势较高，地下水埋深相对较深，地下水季节性的抬高，雨季抬高时参加成土过程，旱季地下水下降不参加成土过程。土壤出现假菌丝向弱淋溶状态发展，即向褐土土类演变。其介于潮土和褐土之间为脱潮土。

（三）土壤区域性分布规律

土壤区域性分布规律是指一定土壤水平带内，由于地形、水文、地质的分异，而导致土壤类型的不同。其分布规律是在一定区域内，某一个或两个成土因素为土壤形成的主导因素，其他成土因素为次要因素时，就形成某一特定的土壤类型。它不同于地带性土壤如棕壤、褐土，而是显示出土壤的区域性。

石家庄市的潮土、沼泽土、水稻土、盐土、风沙土、新积土、粗骨土、石质土、山地草甸土等土壤类型均为区域性土壤。

潮土、沼泽土的成土条件中，水分是土壤形成的主导因素。即土壤由于地下水埋深很浅或地表长期积水，土壤物质处于氧化还原状态过程中形成的土壤。凡符合这些成土条件的均可形成该土壤类型，其在山区的褐土区有分布，在平原的潮土区也有分布。

水稻土则是由于人类长期种植水稻，进行周期性的耕作、灌排、人为控制土壤中物质的氧化还原过程，成为区别于其他旱作土壤的人为土壤类型。因此，在石家庄市的水稻土分布都在有灌排条件的山区沟谷和山麓平原上部有泉涌区域或河滩等地方。

盐土是以水文和地形为主导的成土因素作用下形成的土壤类型。其分布规律是在地下水位较高，且矿化度较高，地形为洼地中微凸起的部位上。由于地下水径流不畅，其所含有的可溶盐随土壤毛管水聚积地表而形成的土壤类型。

而石质土和粗骨土则是由于山体陡峭，土壤受降水的冲刷，黏粒和其他物质被冲失，仅留下大量的砾石和植物着生的少量薄层土壤。其发育过程经常被打断，故无发育层次，整个土层呈粗骨状。其分布规律均在低山，水土流失严重的地区。

新积土和风沙土的分布规律则是在河漫滩和故河道上。由于成土时间短暂而无剖面发育的一类土壤类型。

第二节　主要土类、亚类特点

一、棕　壤

分布于石家庄市平山县蛟潭庄、秋卜洞、杀虎一线西北，灵寿县南营西北、漫山上部，赞皇县桃花塆至丈石崖一线，山脊海拔 850~1 900m 中山林线终止处。棕壤包括棕壤和棕壤性土 2 个土壤亚类。棕壤亚类面积 26 456. 9hm^2，占土壤面积的 2. 37%。多分布在山的阴坡，植被茂密，棕壤亚类自然肥力较高，该土壤适宜发展林木，应保护现有林、草植被，防止水土流失。棕壤性土则多分布在山的向阳坡、山脊或山体陡峭之处，面积 3 136. 4hm^2，占土壤面积的 0. 28%。因所处地形部位林木被破坏，植被稀疏，土壤侵蚀严重，土层薄，厚度小于 30mm，砾石含量 10%~30%。植被为草被且稀疏，覆盖度低。棕壤性土应迅速恢复草被或林被，涵养水土。

土体结构特征如下。①地表半腐烂的枯枝落叶层厚 3~5cm。其下为有机质层，厚度 20~25cm，土色暗灰棕，有机质含量 30~60g/kg。②棕色黏化层，上层因水分饱和，有机质嫌气分解，使铁锰还原；溶于水下淋至心土层，通气状况改善，铁锰重新氧化或水化，土粒被染成棕色。同时，表层黏粒的机械下淋及心土原地风化黏粒的增加，形成了心土层既棕又黏的层次（其小于 0. 01mm 粒径的黏粒含量较表层高 9. 63%），其上有较明显的铁锰胶膜在结构面上呈现。③脱钙酸化。棕壤呈微酸性反应。盐基性离子转为不饱和。④母质风化较弱。母质类型主要是残坡积物及少量的洪冲积物，母质风化较弱，土壤厚度一般小于 1.0m。砾石含量较多。

二、褐　土

在石家庄市自山麓平原的中部即海拔 45m 至中山海拔 1 300m 均有分布，为石家庄市分布最广的土类，为各土类面积之冠。褐土在低山、丘陵具有垂直带谱特征，即随着海拔高程的降低，土壤中钙质淀积作用逐渐显著。山麓平原及沟谷阶地之褐土，除具有钙质淀积作用外，由于地下水参与成土作用，故土壤中铁锰处于氧化还原交替进行的作用下，土壤剖面上呈现铁子或锈纹锈斑。同时，阳坡上褐土的分布部位较阴坡要高，酸性硅铝质母质的褐土分布部位较钙质母质的褐土分布的部位要低，低山、丘陵褐土的褐黏化层较为明显，即在土层 50~60cm 处土壤质地较上层要重，达到中壤或重壤。据 45 个剖面统计，其物理性黏粒含量较表层高 15.9%。而在山麓平原中上部，由于成土母质多为洪积物及成土时间较短，故不明显。

褐土土类根据土壤中钙质淋溶淀积的程度，和地下水参与成土过程与否，在石家庄市有褐土、淋溶褐土、石灰性褐土、潮褐土、褐土性土 5 个亚类。

1. 褐　土

褐土亚类分布于低山的中下部。在灵寿、平山、元氏、赞皇等县西部的低山区均有分布，面积 35 448.6hm^2，占土壤面积的 3.18%。植被为酸枣、荆条、白草等。其表层有微弱的石灰反应，下层有较强的石灰反应，碳酸钙含量平均为 1.52%，pH 值为 7.2，黏化层较为明显。由于降水量较小，约 600mm 左右，且集中于 6、7 两个月，所以土壤较干燥，土层较薄。土壤养分丰富，适宜种植经济林果，以防水土流失。

2. 淋溶褐土

本亚类分布于灵寿、平山、赞皇三县西部的低山上部，海拔 800~1 300m，面积 36 066.6hm^2，占土壤面积的 3.24%。多为自然土壤。该亚类为棕壤与褐土的过渡类型，因其所处的地形部位、气候条件、植被、水分均在棕壤与褐土过渡之中，其气候条件较棕壤干燥温暖，较褐土湿润冷凉。其植被既有杜鹃、栎树等棕壤植被，也有荆条、酸枣、白草等褐土植被。其土壤水分含量在湿润与干燥过渡间。因此，其成土过程中钙质淋溶较强，表层、心土层无石灰反应，但底层仍有微弱的石灰反应，即未被全部淋失。因气候温暖湿润，淋溶褐土分布的区域，可发展多种材林和经济林，亦可适当发展部分药材。

3. 石灰性褐土

该亚类自海拔 600m 以下的丘陵，至 45m 左右的山麓平原中上部均有分布，面积

228 091.9hm^2，占土壤面积的20.49%。其气候温暖干燥，地下水埋深5m以下，排水良好。由于气候干燥蒸发量大，钙的淀积作用极为明显，在土体40~70cm处有假菌丝体或砂姜等钙质淀积物。同时在心土层粘化作用也较明显，有机质矿化作用强烈，通体石灰反应强烈，碳酸钙含量平均为4.27%，变幅为2.2%~8.4%；pH值为8.1，变幅为7.9~8.5。其土层厚度不一，残坡积母质土层较薄且含砾石较多。而洪冲积母质或黄土状物质及黄土状洪冲积母质土层较厚，是良好的耕作土壤。石灰性褐土养分含量缺乏，耕作土壤应增施有机肥，提高土壤肥力。同时改善灌溉条件，培育高产土壤。非耕种土壤，要做好水土保持工作，种植林果。

4. 潮褐土

本亚类分布在石家庄市海拔35~600m的山麓平原中上部或丘陵、低山的河谷阶地上。除辛集和晋州未有此亚类外，其他各县均有分布，面积324 592.1hm^2，占土壤面积的29.12%，为各亚类之首。该亚类母质基本为洪冲积母质。该亚类的土壤养分较低，要争取农作物的高产，需进行大量培肥土壤的工作，使之发挥更大的效应。

由于地下水位较高，所以地下水参与成土过程。故除有钙积层（假菌丝体、砂姜）外，还有铁锰氧化还原层，即锈纹锈斑或铁锰结核。潮褐土亚类成土时间较之褐土或石灰性褐土为晚，故褐黏化层不明显。且因水分的影响，土体颜色较暗，不如石灰性褐土颜色鲜亮。其土层深厚（除河谷阶地之潮褐土），质地多为轻壤，土壤不旱、不涝，因此为石家庄市最优的耕作土壤。

5. 褐土性土

该亚类分布的范围有两个。一是低山、丘陵，由于土壤侵蚀严重，成土时间短且褐土的成土过程经常被打断，剖面发育不完全，土层薄且砾石含量较多。分布于海拔100~600m的丘陵区，如行唐、灵寿、平山、元氏、赞皇等县，其面积24 813.7hm^2。二是山麓平原中下部的故河道上的沙丘。由于该沙丘较地面高出2~4m，植被较好，地下水已不能参与土壤的形成过程，土壤向着褐土方向发展。但因成土时间短，剖面发育不完全。如新乐、正定、无极、藁城、辛集、行唐、晋州、高邑等县（市）的大沙河、磁河、滹沱河及槐沙河的故河道两侧均有分布，面积6 499.3hm^2。

该亚类面积为31 328.59hm^2，占土壤面积的2.81%。由于成土时间短，土层薄，故该亚类均未被利用。平原的砂质褐土性土多种有杨、槐等树木，而丘陵的残坡积褐土性土上仅有稀疏的草被。由于土层小于30cm，土壤干燥，植被稀疏，水土流失严重，也未垦殖。该亚类适宜种植林果，如枣、酸枣等耐旱果木，有利于水土保持，且可获得较高的经济效益。

三、粗骨土

分布于石家庄市行唐、灵寿、平山、元氏、赞皇等县的低山丘陵。按照岩石性质划分，可划分为硅铝质粗骨土和钙质粗骨土两个亚类。

1. 硅铝质粗骨土亚类

分布于石家庄市平山、灵寿、元氏、赞皇、行唐等县低山丘陵，面积 192 045.98hm^2，占总土壤面积的 17.24%。该亚类分布规律及特点与粗骨土类相同。而砂岩类由于抗化学和物理风化能力强，故风化壳较薄，仅 10cm 左右，且砾石含量多。该土壤土层薄，砾石含量高，水土流失严重，故采取种草封山，保持水土等综合治理措施。

2. 钙质粗骨土亚类

分布于行唐、元氏、灵寿等县的丘陵，面积 6 729.5hm^2，占总土壤面积的 0.60%。岩石为石灰岩类。其分布规律是在丘陵顶部，水土流失严重的地方。其土层亦薄，灰岩类化学风化深刻，故表层土壤质地为轻壤碳酸钙，因淋溶，表层含量仅 3%左右。由于气候干旱和水分的渗失，钙质粗骨土较硅铝质粗骨土更为干旱，植被稀疏。土壤表层有 0.5~1cm 的灰褐色有机质层。表层养分虽高，但由于土层薄土壤干旱，植物也不能生长。水土流失加剧，成土过程经常中断。该土壤应采取综合性水土保持工作，如封山育草，保护自然植被，防止水土流失，涵养水土以利植被生长。

四、新积土

在石家庄市的面积为 21 737.5hm^2，占总土壤面积的 1.95%。母质均为河流冲积物。其分布在石家庄市晋州、无极、正定、元氏、新乐、行唐、灵寿、藁城、高邑、深泽等县（市、区）的大沙河、滹沱河河漫滩上，其中以滹沱河河漫滩分布最广，占该土类面积的 35.1%。

该土类为近期流水所沉淀而成的，在汛期还可能被河水淹没。其土层深厚，质地多为砂质或砂壤质，有时为层状沉积。没有或很少有植物生长，无剖面发育特征，或有微弱发育特征。但因质地轻、降水渗透迅速，故旱季土壤干燥。

该土类在石家庄市仅有一个亚类，即石灰性新积土亚类。该土壤应抓好土壤培肥，以种植牧草发展畜牧为主，取代花生、甘薯等作物，保护和利用好该土壤资源。

五、风沙土

主要分布在无极、藁城、新乐、正定等县（市、区）的磁河故河道两侧，面积 1 275.7hm^2，占总土壤面积的 0.12%。

土壤通体砂质，有石灰反应或弱石灰反应。表层因长有植物及风力作用，质地较下层稍细。有些土壤剖面有微弱的发育，即有钙淀积的痕迹和铁锰氧化还原的不清晰斑纹，但大部分土壤则无发育特征。由于成土时间短，且质地粗，所以土壤的理化性状均差。土壤容重较高。故农业难以利用而为荒地。

风沙土土类在石家庄市划为一个亚类，即风积半固定风砂土亚类。该土壤应种植牧草，不仅可以发展畜牧业，且起到固沙防止风蚀、保护土壤的作用。可种植薪炭林或灌木防风固沙，以便开发利用。

六、潮　土

主要分布在山麓平原的中下部（海拔 25~45m）低山、丘陵的河谷及河漫滩，水库坝下也有少量分布。在石家庄市各县均有分布。大面积集中分布在山麓平原的中下部至末端的藁城、晋州、辛集、深泽和赵县五县（市、区），其他各县均有零星的分布。为石家庄市第二大土类。

潮土的剖面特征是在土表 30cm 以下有锈纹锈斑层，土壤沉积层理清晰，且质地变化较大。在故河道及冲积锥上，除有锈纹锈斑以外，还有微弱的钙淀积的痕迹。在低平地上有锈纹锈斑，在沟谷除有锈纹锈斑以外，下层为灰蓝色的潜育层。同时潮土剖面自上至下石灰反应强烈（除砂、砾质外），碳酸钙含量较高，其养分含量因母质类型而异。山麓平原中下部主要是滹沱河冲积扇，含有较多的黄土状物质，除钾素含量较高外，其他营养元素较缺，有机质含量偏低。低山、丘陵河谷因接受山上有机物质，故有机质含量稍高些。其他矿质养分（除磷素外）也较高。同时该土类几乎均已成为农田，是石家庄市重要的耕作土壤。耕作管理水平差异较大，故肥力水平差别较大。潮土土类根据地下水参与成土作用的程度不同，可划分为潮土、湿潮土、脱潮土、盐化潮土 4 个亚类。

1. 潮土亚类

潮土亚类主要分布于石家庄市山麓平原的下部及与冲积平原相连接的洼地。山麓平原河漫滩以及低山丘陵的河谷也有少量的分布，辛集、深泽分布面积较大，其他各县均有少量分布，面积 101 829. 1hm^2，占总土壤面积的 9. 14%。该亚类土层深厚，表层土壤多为轻壤、砂壤。其剖面特征具有潮土土类的特征，即有明显的锈纹锈斑层，沉积层理清晰，腐殖层呈灰棕色但不明显，具有强烈的石灰反应等。该土壤质地适中，水分条件较好，适宜种植多种作物，应注意增施有机肥料，氮磷钾化肥配合施用，培肥土壤，提高土壤肥力。

2. 湿潮土亚类

湿潮土亚类主要分布于低山、丘陵河旁洼地，如灵寿、平山、赞皇等县的沟谷。面积 2 159. 3hm^2，占总土壤面积的 0. 19%。剖面中，在锈纹锈斑层下出现灰蓝色的潜育层。土壤养分贫乏，作物生长较差。该土壤可种植水稻或湿生植物，如芦苇等。

3. 脱潮土亚类

脱潮土亚类分布于山麓平原下部藁城东部、晋州全部、辛集西部、深泽的南部。面积 92 055.3hm^2，占总土壤面积的 8.27%。该亚类原为潮土亚类，由于近 20 余年来降水偏少，地下水的大量开采，使地下水位急剧下降。土壤中的钙淀积现象开始较明显地表现出来，有假菌丝体或痕迹出现，同时土壤中锈纹锈斑仍残存在剖面上。如地下水埋深仍保持目前状况或继续下降，则土壤向地带性土壤（褐土）演变；若气候变化，降水增加，地下水位上升至原潮土时的埋深时，则土壤又会重新变为潮土。该土壤养分含量较低，需要进一步培肥土壤，增施有机肥料，科学施肥，合理灌溉，改善土壤理化性状；同时要调整作物布局，发展林果，多种经营，充分利用该土壤资源。

4. 盐化潮土亚类

该亚类分布于辛集东南部、山麓平原末端与冲积平原相接的平地上，海拔 25～27m。面积 6 654.6hm^2，占总土壤面积的 0.60%。土壤 0～20cm 全盐含量平均为 0.31%，影响作物生长，造成缺苗断垄。

该土壤地下水水型为钙镁氯化物硫酸盐型，故土壤盐分组成多为氯化物硫酸盐。土壤养分缺乏，肥力较低，特别是速效养分缺乏，加上表层养分含量较高，故作物出苗困难，缺苗断垄。

七、沼泽土

主要分布在山区河谷滞水洼地及河漫滩近堤洼地的灵寿、行唐两县。该土类地表常年积水，或仅在旱季落干。土壤汪水汪泥。

根据地表水渍程度，分沼泽土和草甸沼泽土两个亚类。

1. 沼泽土亚类

该亚类分布于灵寿县磁河上游的河谷积水洼地，面积 203.5hm^2，占总土壤面积的 0.13%。其剖面特征是表层为植物的根层，颜色呈暗棕或灰蓝色，下层为潜育层。应做好挖沟排水，增施有机肥料。其代换量较高，保肥供肥能力较强，但有效养分含量低，应施用氮磷钾化肥，提高土壤的供肥水平。

2. 草甸沼泽土

该亚类分布于灵寿、行唐县磁河、大沙河的河旁洼地，面积 1 132.5hm^2，占总土壤面积的 0.10%。该亚类地形部位稍高，土壤呈灰褐棕色，下层土壤潜育现象明显。其有机质层、地表植被与土壤质地以及人为垦种有关。植被较差或土壤质地为砂壤，或人为种植水稻的，则有机质积累少。植被茂密、土壤质地为轻壤的自然土壤则有机质积累较多，颜色较暗。该亚类土壤要做好雨季排涝，同时进一步培肥土壤。

八、山地草甸土

分布于石家庄市西北端平山、灵寿两县中山地区的山顶缓坡，海拔高度为1 900~2 281m。面积224. 9hm²，占总土壤面积0. 02%。

九、盐　土

分布于石家庄市东部辛集市东南部山麓平原，与冲积平原过渡地带的低平洼地上，零星分布于盐化潮土之中，形成复区分布。面积为331. 1hm²，占总土壤面积的0. 03%。

十、石质土

石家庄市石质土面积1 263. 7hm²，占总土壤面积的0. 10%。分布于平山县的东西灵山及低山，井陉、鹿泉、灵寿的低山。几乎无作物生长，仅在岩石缝隙或较大的岩石块间长有稀疏的草本植物，岩石裸露面积70%以上，砾石含量超过70%，石多土少，土层在5cm左右。该土壤因土层太薄，且砾石含量过多，无法进行利用，仅可在土层稍厚一些部位种草护土，而后逐渐扩大面积，使土壤发育持续下去，转变为可利用的土壤。

十一、水稻土

水稻土是在人为长期水耕、熟化条件下形成的土壤，与原土壤的理化性状和剖面特征均有明显的差异。石家庄市的水稻土分布于正定、灵寿、行唐、鹿泉等县（区）的滹沱河、磁河、大沙河的近河洼地，或有泉涌的低洼地，面积3 261. 3hm²，占总土壤面积的0. 21%。土壤质地砂—轻壤，心土层潜育化现象明显，锈纹锈斑，石灰反应明显。养分含量较旱作土壤高，有机质含量13. 3g/kg、全氮0. 78g/kg、全磷0. 67g/kg、全钾15. 6g/kg、速效磷3mg/kg、速效钾66mg/kg，pH值8. 1。

第三节　耕地土壤养分状况

一、石家庄市耕地资源基本情况

石家庄市地处中低纬度亚欧大陆东缘，属于温带季风气候。干湿期明显，夏冬季长，春秋季短。石家庄市域跨太行山地和华北平原两大地貌单元。西部地处太行山中段，海拔在1 000m左右，地势高耸。东部为滹沱河冲积平原，按其成因属太行山山前冲洪积平原。石家庄土地资源类型多样，土壤类型主要有山地草甸土、棕壤、褐土、潮土、盐土、风沙土、新积土、粗骨土、石质土、沼泽土、水稻土等 11 个土类，22 个亚类，81 个土属，270 个土种。耕地的总面积为 58. 42 万 hm^2。主要农作物有优质玉米、小麦、棉花、梨、枣、核桃等。

二、有机质

全市（参评县、区）耕层土壤有机质含量平均为 21. 18g/kg，变化幅度在 4. 10~81. 40g/kg。从表 3-2 中可以看出，土壤有机质含量平均值超过全市（参评县、区）平均值的有深泽县、行唐县、正定县、赵县、栾城区、元氏县、井陉县、高邑县和鹿泉区，面积为 265 863. 75hm^2，占全市（参评县、区）总耕地面积的 46. 35%；平均值小于 21. 18g/kg 的县（市、区）有藁城区、灵寿县、赞皇县、无极县、平山县、晋州市、新乐市和辛集市，面积合计为 307 864. 76hm^2，占全市（参评县、区）总耕地面积的 32. 82%。

表 3-2 石家庄各县（市、区）耕地土壤有机质分布特点

行政单位	耕地面积（hm^2）	占总耕地面积比例（%）	有机质含量（g/kg）		
			最大值	最小值	平均值
石家庄市（参评县、区）	573 728. 51	100. 00	81. 40	4. 10	21. 18
藁城区	52 247. 37	9. 11	33. 60	4. 50	20. 33
鹿泉区	23 783. 76	4. 15	38. 90	18. 30	29. 38
栾城区	23 709. 72	4. 13	31. 00	11. 00	22. 37
井陉县	23 595. 69	4. 11	81. 40	10. 02	23. 84
正定县	28 622. 37	4. 99	31. 25	5. 63	22. 19
行唐县	46 224. 82	8. 06	30. 80	11. 14	21. 51
灵寿县	31 000. 12	5. 40	33. 26	4. 10	19. 40
高邑县	15 523. 39	2. 71	33. 00	13. 60	25. 90
深泽县	19 447. 02	3. 39	28. 50	9. 60	21. 23
赞皇县	20 647. 29	3. 60	33. 26	6. 10	17. 69
无极县	35 539. 82	6. 19	24. 00	14. 60	20. 22
平山县	41 324. 06	7. 20	32. 70	4. 10	15. 80
元氏县	37 149. 39	6. 48	48. 80	7. 72	22. 42
赵县	47 807. 59	8. 33	28. 40	8. 21	22. 21
晋州市	40 000. 35	6. 97	23. 90	6. 30	17. 69
新乐市	31 764. 76	5. 54	36. 60	4. 34	20. 24
辛集市	55 340. 99	9. 65	28. 70	5. 00	17. 63

三、全 氮

全市（参评县、区）耕层土壤全氮含量平均为0.66g/kg，变化幅度在0.03～2.08g/kg。从表3-3中可以看出，土壤全氮含量平均值超过全市（参评县、区）平均值的有井陉县、藁城区、正定县、无极县、鹿泉区和栾城区，面积为280 472.2hm²，占全市（参评县、区）总耕地面积的48.88%；平均值小于0.66g/kg的县（市、区）有晋州市、元氏县、新乐市、辛集市、赵县、行唐县、深泽县和高邑县，平均含量均低于0.20g/kg，面积合计为293 258.3hm²，占全市（参评县、区）总耕地面积的51.13%。

表3-3 石家庄各县（市、区）耕地土壤全氮分布特点）

行政单位	耕地面积（hm²）	占总耕地面积比例（%）	全氮含量（g/kg）		
			最大值	最小值	平均值
石家庄市（参评县、区）	573 728.51	100.00	2.08	0.03	0.66
藁城区	52 247.37	9.11	1.65	0.23	1.14
鹿泉区	23 783.76	4.15	1.83	0.42	1.39
栾城区	23 709.72	4.13	2.08	0.80	1.56
井陉县	23 595.69	4.11	1.70	0.53	1.07
正定县	28 622.37	4.99	1.84	0.40	1.19
行唐县	46 224.82	8.06	0.19	0.08	0.13
灵寿县	31 000.12	5.40	—	—	—
高邑县	15 523.39	2.71	0.20	0.08	0.15
深泽县	19 447.02	3.39	0.17	0.07	0.14
赞皇县	20 647.29	3.60	—	—	—
无极县	35 539.82	6.19	1.79	0.94	1.30
平山县	41 324.06	7.20	—	—	—
元氏县	37 149.39	6.48	0.18	0.04	0.12
赵县	47 807.59	8.33	0.16	0.05	0.13
晋州市	40 000.35	6.97	0.44	0.04	0.11
新乐市	31 764.76	5.54	0.18	0.04	0.12
辛集市	55 340.99	9.65	1.14	0.03	0.12

四、有效磷

全市（参评县、区）耕层土壤有效磷含量平均为28.06mg/kg，变化幅度在1.60～

135.00mg/kg。从表 3-4 中可以看出，土壤有效磷含量平均值超过全市平均值的有无极县、平山县、赵县、行唐县、正定县、晋州市、灵寿县、赞皇县和新乐市，面积为 322 931.18hm^2，占全市（参评县、区）总耕地面积的 56.28%；平均值小于 28.06mg/kg 的县（市、区）有藁城区、深泽县、鹿泉区、栾城区、高邑县、井陉县、辛集市和元氏县，面积合计为 250 797.33hm^2，占全市（参评县、区）总耕地面积的 43.73%。

表 3-4　石家庄各县（市、区）耕地土壤有效磷分布特点

行政单位	耕地面积（hm^2）	占总耕地面积比例（%）	有效磷含量（mg/kg）		
			最大值	最小值	平均值
石家庄市（参评县、区）	573 728.51	100.00	135.00	1.60	28.06
藁城区	52 247.37	9.11	112.60	7.60	17.49
鹿泉区	23 783.76	4.15	70.70	4.90	20.27
栾城区	23 709.72	4.13	45.00	6.50	23.46
井陉县	23 595.69	4.11	59.03	13.55	26.75
正定县	28 622.37	4.99	78.90	6.60	31.48
行唐县	46 224.82	8.06	60.90	8.50	31.32
灵寿县	31 000.12	5.40	111.46	2.10	33.96
高邑县	15 523.39	2.71	53.00	7.50	25.60
深泽县	19 447.02	3.39	47.50	6.00	20.00
赞皇县	20 647.29	3.60	111.46	1.60	34.71
无极县	35 539.82	6.19	47.00	6.00	28.45
平山县	41 324.06	7.20	111.46	2.90	29.54
元氏县	37 149.39	6.48	93.00	3.00	27.46
赵县	47 807.59	8.33	82.00	10.50	29.59
晋州市	40 000.35	6.97	122.50	6.50	33.08
新乐市	31 764.76	5.54	95.00	9.50	36.63
辛集市	55 340.99	9.65	135.00	2.50	27.18

五、速效钾

全市（参评县、区）耕层土壤速效钾含量平均为 131.0mg/kg，变化幅度在 5~388mg/kg。从表 3-5 中可以看出，超过全市（参评县、区）平均值的有高邑县、鹿泉区、元氏县、井陉县、藁城区、赵县、辛集市、深泽县和栾城区，面积为

298 604.9hm^2，占全市（参评县、区）总耕地面积的 52.06%；平均值小于 130.95mg/kg 的县（市、区）有行唐县、平山县、灵寿县、新乐市、晋州市、无极县、赞皇县和正定县，面积合计为 275 123.59hm^2，占全市（参评县、区）总耕地面积的 52.06%。

表 3-5　石家庄各县（市、区）耕地土壤速效钾值分布特点

行政单位	耕地面积（hm^2）	占总耕地面积比例（%）	速效钾含量（mg/kg）		
			最大值	最小值	平均值
石家庄市（参评县、区）	573 728.51	100.00	388	5	131.0
藁城区	52 247.37	9.11	370	31	146.6
鹿泉区	23 783.76	4.15	265	54	133.6
栾城区	23 709.72	4.13	281	121	198.5
井陉县	23 595.69	4.11	300	100	136.5
正定县	28 622.37	4.99	282	47	120.2
行唐县	46 224.82	8.06	127	57	89.1
灵寿县	31 000.12	5.40	248	23	107.1
高邑县	15 523.39	2.71	271	77	132.3
深泽县	19 447.02	3.39	312	95	172.5
赞皇县	20 647.29	3.60	248	21	109.8
无极县	35 539.82	6.19	157	69	109.5
平山县	41 324.06	7.20	240	5	101.8
元氏县	37 149.39	6.48	235	77	134.6
赵县	47 807.59	8.33	278	51	158.6
晋州市	40 000.35	6.97	159	64	108.6
新乐市	31 764.76	5.54	252	49	108.5
辛集市	55 340.99	9.65	388	40	158.6

六、缓效钾

全市（参评县、区）耕层土壤缓效钾含量平均为 870.8mg/kg，变化幅度在 70~1 960mg/kg。从表 3-6 中可以看出，超过全市（参评县、区）平均值的有无极县、元氏县、赵县、正定县、高邑县、鹿泉区和新乐市，面积为 220 191.1hm^2，占全市（参评县、区）总耕地面积的 38.39%；平均值小于 870.8mg/kg 的县（市、区）有深泽县、栾城区、辛集市、井陉县、晋州市和行唐县，面积合计为 208 318.6hm^2，占全市（参评县、区）总耕地面积的 36.31%。

表 3-6　石家庄各县（市、区）耕地土壤缓效钾分布特点

行政单位	耕地面积（hm^2）	占总耕地面积比例（%）	缓效钾含量（mg/kg）		
			最大值	最小值	平均值
石家庄市（参评县、区）	573 728.51	100.00	1 960	70	870.8
藁城区	52 247.37	9.11	—	—	—
鹿泉区	23 783.76	4.15	1 536	667	1 061.6
栾城区	23 709.72	4.13	1 025	223	715.2
井陉县	23 595.69	4.11	1 960	70	770.0
正定县	28 622.37	4.99	1 309	515	917.9
行唐县	46 224.82	8.06	1 331	139	843.9
灵寿县	31 000.12	5.40	—	—	—
高邑县	15 523.39	2.71	1 368	677	1 003.4
深泽县	19 447.02	3.39	1 001	407	664.7
赞皇县	20 647.29	3.60	—	—	—
无极县	35 539.82	6.19	1 119	567	874.9
平山县	41 324.06	7.20	—	—	—
元氏县	37 149.39	6.48	1 243	584	878.3
赵县	47 807.59	8.33	1 389	576	907.5
晋州市	40 000.35	6.97	1 008	638	807.4
新乐市	31 764.76	5.54	1 422	716	1 133.7
辛集市	55 340.99	9.65	1 066	546	741.7

七、有效铁

全市（参评县、区）耕层土壤有效铁含量平均为 16.33mg/kg，变化幅度在 0.30~85.10mg/kg。从表 3-7 中可以看出，超过全市（参评县、区）平均值的有辛集市、正定县、高邑县、深泽县、新乐市和元氏县，面积为 187 847.9hm^2，占全市（参评县、区）总耕地面积的 32.76%；平均值小于 16.33mg/kg 的县（市、区）有行唐县、晋州市、井陉县、栾城区、鹿泉区、赵县和无极县，面积合计为 240 661.75hm^2，占全市（参评县、区）总耕地面积的 41.94%。

表 3-7　石家庄各县（市、区）耕地土壤有效铁分布特点

行政单位	耕地面积（hm^2）	占总耕地面积比例（%）	有效铁含量（mg/kg）		
			最大值	最小值	平均值
石家庄市（参评县、区）	573 728.51	100.00	85.10	0.30	16.33
藁城区	52 247.37	9.11	—	—	—
鹿泉区	23 783.76	4.15	20.30	5.10	8.40

（续表）

行政单位	耕地面积（hm²）	占总耕地面积比例（%）	有效铁含量（mg/kg）		
			最大值	最小值	平均值
栾城区	23 709.72	4.13	8.90	7.90	8.33
井陉县	23 595.69	4.11	11.59	1.90	4.46
正定县	28 622.37	4.99	24.52	10.43	17.14
行唐县	46 224.82	8.06	0.83	0.30	0.55
灵寿县	31 000.12	5.40	—	—	—
高邑县	15 523.39	2.71	52.50	12.30	29.18
深泽县	19 447.02	3.39	39.80	20.50	32.43
赞皇县	20 647.29	3.60	—	—	—
无极县	35 539.82	6.19	8.90	7.80	8.53
平山县	41 324.06	7.20	—	—	—
元氏县	37 149.39	6.48	58.40	15.60	38.80
赵县	47 807.59	8.33	8.80	8.20	8.48
晋州市	40 000.35	6.97	1.40	0.91	1.13
新乐市	31 764.76	5.54	85.10	10.30	37.80
辛集市	55 340.99	9.65	18.80	14.90	17.04

八、有效锰

全市（参评县、区）耕层土壤有效锰含量平均为 13.60mg/kg，变化幅度在 0.70~28.30mg/kg。从表 3-8 中可以看出，超过全市（参评县、区）平均值的有元氏县、赵县、无极县和栾城区，面积为 144 206.52hm²，占全市（参评县、区）总耕地面积的 25.13%；平均值小于 13.60mg/kg 的县（市、区）有井陉县、鹿泉区、高邑县、正定县、新乐市、晋州市、行唐县、深泽县和辛集市，面积合计为 284 303.15hm²，占全市（参评县、区）总耕地面积的 49.57%。

表 3-8　石家庄各县（市、区）耕地土壤有效锰分布特点

行政单位	耕地面积（hm²）	占总耕地面积比例（%）	有效锰含量（mg/kg）		
			最大值	最小值	平均值
石家庄市（参评县、区）	573 728.51	100.00	28.30	0.70	13.60
藁城区	52 247.37	9.11	—	—	—
鹿泉区	23 783.76	4.15	17.80	3.50	8.18
栾城区	23 709.72	4.13	28.30	21.80	25.53
井陉县	23 595.69	4.11	6.45	1.90	3.16
正定县	28 622.37	4.99	12.33	6.77	8.81
行唐县	46 224.82	8.06	27.70	0.70	11.58

（续表）

行政单位	耕地面积（hm^2）	占总耕地面积比例（%）	有效锰含量（mg/kg）		
			最大值	最小值	平均值
灵寿县	31 000.12	5.40	—	—	—
高邑县	15 523.39	2.71	16.60	4.10	8.47
深泽县	19 447.02	3.39	15.90	8.90	12.25
赞皇县	20 647.29	3.60	—	—	—
无极县	35 539.82	6.19	27.00	20.60	25.23
平山县	41 324.06	7.20	—	—	—
元氏县	37 149.39	6.48	28.10	6.70	16.08
赵县	47 807.59	8.33	27.50	20.10	23.88
晋州市	40 000.35	6.97	13.34	7.25	10.63
新乐市	31 764.76	5.54	17.90	3.40	9.48
辛集市	55 340.99	9.65	20.00	8.10	13.48

九、有效铜

全市（参评县、区）耕层土壤有效铜含量平均为5.37mg/kg，变化幅度在0.24~64.50mg/kg。从表3-9中可以看出，超过全市（参评县、区）平均值的有晋州市、行唐县，面积为86 225.17hm^2，占全市（参评县、区）总耕地面积的15.03%；平均值小于5.37mg/kg的县（市、区）有井陉县、高邑县、鹿泉区、正定县、无极县、赵县、深泽县、元氏县、新乐市和辛集市，面积合计为318 574.78hm^2，占全市（参评县、区）总耕地面积的55.54%。

表3-9　石家庄各县（市、区）耕地土壤有效铜分布特点

行政单位	耕地面积（hm^2）	占总耕地面积比例（%）	有效铜含量（mg/kg）		
			最大值	最小值	平均值
石家庄市（参评县、区）	573 728.51	100.00	64.50	0.24	5.37
藁城区	52 247.37	9.11	—	—	—
鹿泉区	23 783.76	4.15	2.08	0.77	1.12
栾城区	23 709.72	4.13	—	—	—
井陉县	23 595.69	4.11	0.36	0.24	0.29
正定县	28 622.37	4.99	2.06	0.99	1.29
行唐县	46 224.82	8.06	64.50	19.40	42.40
灵寿县	31 000.12	5.40	—	—	—
高邑县	15 523.39	2.71	1.36	0.76	0.87
深泽县	19 447.02	3.39	1.82	1.47	1.55

（续表）

行政单位	耕地面积（hm^2）	占总耕地面积比例（%）	有效铜含量（mg/kg）		
			最大值	最小值	平均值
赞皇县	20 647.29	3.60	—	—	—
无极县	35 539.82	6.19	1.18	1.01	1.33
平山县	41 324.06	7.20	—	—	—
元氏县	37 149.39	6.48	2.13	1.51	1.76
赵县	47 807.59	8.33	1.74	1.27	1.42
晋州市	40 000.35	6.97	8.84	6.82	7.81
新乐市	31 764.76	5.54	3.84	0.35	1.88
辛集市	55 340.99	9.65	3.81	1.98	2.67

十、有效锌

全市（参评县、区）耕层土壤有效锌含量平均为 4.49mg/kg，变化幅度在 0.49～22.00mg/kg。从表 3-10 中可以看出，超过全市（参评县、区）平均值的有行唐县、鹿泉区和晋州市，面积为 110 008.93hm^2，占全市（参评县、区）总耕地面积的 19.18%；平均值小于 4.49mg/kg 的县（市、区）有井陉县、无极县、栾城区、赵县、元氏县、深泽县、正定县、辛集市、高邑县和新乐市，面积合计为 318 500.74hm^2，占全市（参评县、区）总耕地面积的 55.52%。

表 3-10 石家庄各县（市、区）耕地土壤有效锌分布特点

行政单位	耕地面积（hm^2）	占总耕地面积比例（%）	有效锌含量（mg/kg）		
			最大值	最小值	平均值
石家庄市（参评县、区）	573 728.51	100.00	22.00	0.49	4.49
藁城区	52 247.37	9.11	—	—	—
鹿泉区	23 783.76	4.15	8.46	1.36	5.45
栾城区	23 709.72	4.13	1.71	1.09	1.46
井陉县	23 595.69	4.11	1.64	0.82	1.14
正定县	28 622.37	4.99	4.58	1.95	3.30
行唐县	46 224.82	8.06	7.60	1.60	4.96
灵寿县	31 000.12	5.40	—	—	—
高邑县	15 523.39	2.71	8.10	2.87	4.12
深泽县	19 447.02	3.39	5.67	1.35	3.02
赞皇县	20 647.29	3.60	—	—	—
无极县	35 539.82	6.19	1.61	1.09	1.33
平山县	41 324.06	7.20	—	—	—

（续表）

行政单位	耕地面积（hm^2）	占总耕地面积比例（%）	有效锌含量（mg/kg）		
			最大值	最小值	平均值
元氏县	37 149.39	6.48	3.52	2.03	2.59
赵县	47 807.59	8.33	1.85	1.04	1.49
晋州市	40 000.35	6.97	22.00	21.00	21.60
新乐市	31 764.76	5.54	6.52	1.16	4.18
辛集市	55 340.99	9.65	10.70	0.49	3.73

十一、水溶性硼

全市（参评县、区）耕层土壤水溶性硼含量平均为0.80mg/kg，变化幅度在0.49~22.00mg/kg。从表3-11中可以看出，超过全市（参评县、区）平均值的有无极县、深泽县、元氏县、高邑县、辛集市、栾城区和赵县，面积为234 517.92hm^2，占全市（参评县、区）总耕地面积的40.88%；平均值小于0.80mg/kg的县（市、区）有晋州市、鹿泉区、行唐县、正定县、新乐市和井陉县，面积合计为193 991.75hm^2，占全市（参评县、区）总耕地面积的33.82%。

表3-11　石家庄各县（市、区）耕地土壤水溶性硼分布特点

行政单位	耕地面积（hm^2）	占总耕地面积比例（%）	水溶性硼含量（mg/kg）		
			最大值	最小值	平均值
石家庄市（参评县、区）	573 728.51	100.00	22.00	0.49	0.80
藁城区	52 247.37	9.11	—	—	—
鹿泉区	23 783.76	4.15	0.48	0.12	0.27
栾城区	23 709.72	4.13	1.82	1.12	1.44
井陉县	23 595.69	4.11	0.84	0.36	0.70
正定县	28 622.37	4.99	0.61	0.33	0.48
行唐县	46 224.82	8.06	0.43	0.21	0.30
灵寿县	31 000.12	5.40	—	—	—
高邑县	15 523.39	2.71	1.53	0.71	1.12
深泽县	19 447.02	3.39	1.53	0.51	0.88
赞皇县	20 647.29	3.60	—	—	—
无极县	35 539.82	6.19	1.00	0.45	0.80
平山县	41 324.06	7.20	—	—	—
元氏县	37 149.39	6.48	1.21	0.70	0.97
赵县	47 807.59	8.33	1.56	1.30	1.44
晋州市	40 000.35	6.97	0.42	0.15	0.26
新乐市	31 764.76	5.54	1.04	0.22	0.55
辛集市	55 340.99	9.65	1.88	0.91	1.21

十二、有效硫

全市（参评县、区）耕层土壤有效硫含量平均为22.95mg/kg，变化幅度在0.48～744.30mg/kg。从表3-12中可以看出，超过全市（参评县、区）平均值的有井陉县、栾城区、辛集市和鹿泉区，面积为126 430.16hm^2，占全市（参评县、区）总耕地面积的22.04%；平均值小于22.95mg/kg的县（市、区）有晋州市、行唐县、新乐市、高邑县、无极县、元氏县、深泽县、赵县和正定县，面积合计为302 079.51hm^2，占全市（参评县、区）总耕地面积的52.66%。

表3-12　石家庄各县（市、区）耕地土壤有效硫分布特点

行政单位	耕地面积（hm^2）	占总耕地面积比例（%）	有效硫含量（mg/kg）		
			最大值	最小值	平均值
石家庄市（参评县、区）	573 728.51	100.00	744.30	0.48	22.95
藁城区	52 247.37	9.11	—	—	—
鹿泉区	23 783.76	4.15	744.30	28.26	101.47
栾城区	23 709.72	4.13	79.91	16.00	28.91
井陉县	23 595.69	4.11	60.05	15.60	27.79
正定县	28 622.37	4.99	22.92	19.10	21.22
行唐县	46 224.82	8.06	2.60	1.15	1.80
灵寿县	31 000.12	5.40	—	—	—
高邑县	15 523.39	2.71	23.29	0.95	12.37
深泽县	19 447.02	3.39	16.89	11.50	15.30
赞皇县	20 647.29	3.60	—	—	—
无极县	35 539.82	6.19	23.10	10.80	13.36
平山县	41 324.06	7.20	—	—	—
元氏县	37 149.39	6.48	28.30	7.45	13.53
赵县	47 807.59	8.33	34.80	14.00	19.90
晋州市	40 000.35	6.97	1.72	0.48	1.19
新乐市	31 764.76	5.54	18.90	6.94	10.47
辛集市	55 340.99	9.65	46.88	6.15	31.36

十三、pH值

全市（参评县、区）耕层土壤pH平均为7.9，变化幅度在5.3～8.8。从表3-13

中可以看出，超过全市（参评县、区）平均值的有高邑县、元氏县、灵寿县、平山县、鹿泉区、赵县、井陉县、深泽县、晋州市和辛集市，面积为 334 972.36hm²，占全市（参评县、区）总耕地面积的 58.39%；平均值小于 7.9 的县（市、区）有藁城区、正定县、赞皇县、新乐市、行唐县和无极县，面积合计为 215 046.43hm²，占全市（参评县、区）总耕地面积的 37.49%。

表 3-13　石家庄各县（市、区）耕地土壤 pH 值分布特点

行政单位	耕地面积（hm²）	占总耕地面积比例（%）	pH 值		
			最大值	最小值	平均值
石家庄市（参评县、区）	573 728.51	100.00	8.8	5.3	7.9
藁城区	52 247.37	9.11	8.6	6.0	7.5
鹿泉区	23 783.76	4.15	8.4	6.9	8.0
栾城区	23 709.72	4.13	—	—	—
井陉县	23 595.69	4.11	8.3	6.7	8.1
正定县	28 622.37	4.99	8.4	5.3	7.5
行唐县	46 224.82	8.06	8.2	6.5	7.7
灵寿县	31 000.12	5.40	8.8	5.6	8.0
高邑县	15 523.39	2.71	8.5	6.8	7.9
深泽县	19 447.02	3.39	8.5	7.6	8.2
赞皇县	20 647.29	3.60	8.2	5.6	7.5
无极县	35 539.82	6.19	8.4	6.4	7.8
平山县	41 324.06	7.20	8.3	7.0	8.0
元氏县	37 149.39	6.48	8.4	5.7	7.9
赵县	47 807.59	8.33	8.3	7.6	8.0
晋州市	40 000.35	6.97	8.6	7.8	8.3
新乐市	31 764.76	5.54	8.1	6.5	7.6
辛集市	55 340.99	9.65	8.7	7.3	8.3

十四、水溶性盐

全市（参评县、区）耕层土壤水溶性盐含量平均为 0.58g/kg，变化幅度在 0.01～3.20g/kg。从表 3-14 中可以看出，超过全市（参评县、区）平均值的元氏县、井陉县、晋州市、行唐县、新乐市、栾城区、正定县、深泽县和高邑县，面积为 266 037.51hm²，占全市（参评县、区）总耕地面积的 46.38%，平均值小于 0.58g/kg 的县（市、区）有无极县、辛集市、鹿泉区和赵县，面积合计为 162 472.16hm²，占全市（参评县、区）总耕地面积的 28.32%。

表 3-14　石家庄各县（市、区）土壤水溶性盐分布特点

行政单位	耕地面积（hm^2）	占总耕地面积比例（%）	水溶性盐含量（g/kg）		
			最大值	最小值	平均值
石家庄市（参评县、区）	573 728.51	100.00	3.20	0.01	0.58
藁城区	52 247.37	9.11	—	—	—
鹿泉区	23 783.76	4.15	0.16	0.01	0.08
栾城区	23 709.72	4.13	1.90	0.10	0.85
井陉县	23 595.69	4.11	1.60	0.10	0.63
正定县	28 622.37	4.99	1.30	0.40	0.86
行唐县	46 224.82	8.06	2.70	0.10	0.81
灵寿县	31 000.12	5.40	—	—	—
高邑县	15 523.39	2.71	3.20	0.10	1.06
深泽县	19 447.02	3.39	1.70	0.20	0.86
赞皇县	20 647.29	3.60	—	—	—
无极县	35 539.82	6.19	0.12	0.01	0.06
平山县	41 324.06	7.20	—	—	—
元氏县	37 149.39	6.48	2.23	0.10	0.60
赵县	47 807.59	8.33	0.50	0.01	0.08
晋州市	40 000.35	6.97	1.60	0.10	0.76
新乐市	31 764.76	5.54	2.20	0.10	0.83
辛集市	55 340.99	9.65	0.16	0.01	0.07

十五、钼

全市（参评县、区）耕层土壤钼含量平均为 22.51mg/kg，变化幅度在 0.02～222.39mg/kg。从表 3-15 中可以看出，超过全市（参评县、区）平均值的有晋州市和行唐县，面积为 86 225.17hm^2，占全市（参评县、区）总耕地面积的 15.03%；平均值小于 22.51mg/kg 的县（市、区）有新乐市、赵县、元氏县、正定县、高邑县、井陉县、深泽县、辛集市、鹿泉区、栾城区和无极县，面积合计为 306 744.68hm^2，占全市（参评县、区）总耕地面积的 53.48%。

表 3-15　石家庄各县（市、区）耕地钼值分布特点

行政单位	耕地面积（hm^2）	占总耕地面积比例（%）	钼含量（mg/kg）		
			最大值	最小值	平均值
石家庄市（参评县、区）	573 728.51	100.00	222.39	0.02	22.51
藁城区	52 247.37	9.11	—	—	—
鹿泉区	23 783.76	4.15	0.55	0.36	0.48
栾城区	23 709.72	4.13	0.62	0.37	0.53

（续表）

行政单位	耕地面积（hm^2）	占总耕地面积比例（%）	钼含量（mg/kg）		
			最大值	最小值	平均值
井陉县	23 595.69	4.11	0.64	0.19	0.42
正定县	28 622.37	4.99	0.61	0.24	0.40
行唐县	46 224.82	8.06	222.39	139.38	166.95
灵寿县	31 000.12	5.40	—	—	—
高邑县	15 523.39	2.71	0.78	0.08	0.40
深泽县	19 447.02	3.39	0.49	0.35	0.45
赞皇县	20 647.29	3.60	—	—	—
无极县	35 539.82	6.19	0.72	0.39	0.56
平山县	41 324.06	7.20	—	—	—
元氏县	37 149.39	6.48	0.49	0.24	0.39
赵县	47 807.59	8.33	0.40	0.30	0.34
晋州市	40 000.35	6.97	157.42	106.82	121.20
新乐市	31 764.76	5.54	0.23	0.02	0.10
辛集市	55 340.99	9.65	0.55	0.31	0.45

十六、硅

全市（参评县、区）耕层土壤硅含量平均为150.25mg/kg，变化幅度在0.98～308.12mg/kg。从表3-16中可以看出，超过全市（参评县、区）平均值的有深泽县、新乐市、正定县、高邑县、无极县、元氏县和井陉县，面积为191 642.44hm^2，占全市（参评县、区）总耕地面积的33.41%；平均值小于150.25mg/kg的县（市、区）有晋州市、行唐县、辛集市、鹿泉区和赵县，面积合计为213 157.51hm^2，占全市（参评县、区）总耕地面积的37.16%。

表3-16　石家庄各县（市、区）耕地硅值分布特点

行政单位	耕地面积（hm^2）	占总耕地面积比例（%）	硅含量（mg/kg）		
			最大值	最小值	平均值
石家庄市（参评县、区）	573 728.51	100.00	308.12	0.98	150.25
藁城区	52 247.37	9.11	—	—	—
鹿泉区	23 783.76	4.15	180.00	78.12	139.36
栾城区	23 709.72	4.13	—	—	—
井陉县	23 595.69	4.11	308.12	171.25	234.00
正定县	28 622.37	4.99	213.59	156.35	186.52
行唐县	46 224.82	8.06	15.86	0.98	4.76
灵寿县	31 000.12	5.40	—	—	—
高邑县	15 523.39	2.71	262.37	148.68	205.16

（续表）

行政单位	耕地面积（hm^2）	占总耕地面积比例（%）	硅含量（mg/kg）		
			最大值	最小值	平均值
深泽县	19 447.02	3.39	180.00	129.31	150.61
赞皇县	20 647.29	3.60	—	—	—
无极县	35 539.82	6.19	243.00	210.00	225.88
平山县	41 324.06	7.20	—	—	—
元氏县	37 149.39	6.48	286.73	168.04	228.30
赵县	47 807.59	8.33	171.79	115.00	140.90
晋州市	40 000.35	6.97	5.00	3.29	4.12
新乐市	31 764.76	5.54	195.00	116.88	159.36
辛集市	55 340.99	9.65	141.88	104.32	123.99

十七、铅

全市（参评县、区）耕层土壤铅含量平均为20.95mg/kg，变化幅度在4.81~41.40mg/kg。从表3-17中可以看出，超过全市（参评县、区）平均值的有新乐市、元氏县、正定县、辛集市、高邑县、无极县、鹿泉区、栾城区和赵县，面积为299 241.79hm^2，占全市（参评县、区）总耕地面积的52.17%；平均值小于20.95mg/kg的县（市、区）有行唐县、晋州市、深泽县和井陉县，面积合计为129 267.88hm^2，占全市（参评县、区）总耕地面积的22.53%。

表3-17　石家庄各县（市、区）耕地土壤铅值分布特点

行政单位	耕地面积（hm^2）	占总耕地面积比例（%）	铅含量（mg/kg）		
			最大值	最小值	平均值
石家庄市（参评县、区）	573 728.51	100.00	41.40	4.81	20.95
藁城区	52 247.37	9.11	—	—	—
鹿泉区	23 783.76	4.15	29.30	24.70	26.95
栾城区	23 709.72	4.13	33.40	26.00	30.55
井陉县	23 595.69	4.11	20.80	10.00	14.28
正定县	28 622.37	4.99	31.50	18.70	24.13
行唐县	46 224.82	8.06	13.82	4.81	8.42
灵寿县	31 000.12	5.40	—	—	—
高邑县	15 523.39	2.71	33.40	22.30	26.57
深泽县	19 447.02	3.39	15.60	12.60	14.23
赞皇县	20 647.29	3.60	—	—	—
无极县	35 539.82	6.19	28.40	25.70	26.75
平山县	41 324.06	7.20	—	—	—
元氏县	37 149.39	6.48	26.10	19.90	23.43

（续表）

行政单位	耕地面积（hm^2）	占总耕地面积比例（%）	铅含量（mg/kg）		
			最大值	最小值	平均值
赵县	47 807.59	8.33	41.40	33.10	38.30
晋州市	40 000.35	6.97	14.72	3.61	8.93
新乐市	31764.76	5.54	24.30	18.80	21.48
辛集市	55340.99	9.65	26.40	23.50	25.60

十八、镉

全市（参评县、区）耕层土壤镉含量平均为45.24mg/kg，变化幅度在20.22～113.07mg/kg。从表3-18中可以看出，超过全市（参评县、区）平均值的有鹿泉区、行唐县、辛集市、栾城区和赵县，面积为196 866.88hm^2，占全市（参评县、区）总耕地面积的34.32%；平均值小于45.24mg/kg的县（市、区）有新乐市、正定县、深泽县、晋州市、井陉县、高邑县、元氏县和无极县，面积合计为231 642.79hm^2，占全市（参评县、区）总耕地面积的40.38%。

表3-18　石家庄各县（市、区）耕地土壤镉值分布特点

行政单位	耕地面积（hm^2）	占总耕地面积比例（%）	镉含量（mg/kg）		
			最大值	最小值	平均值
石家庄市（参评县、区）	573 728.51	100.00	113.07	20.22	45.24
藁城区	52 247.37	9.11	—	—	—
鹿泉区	23 783.76	4.15	63.43	34.05	45.31
栾城区	23 709.72	4.13	113.07	47.95	66.64
井陉县	23 595.69	4.11	45.91	29.10	38.28
正定县	28 622.37	4.99	39.11	30.88	35.53
行唐县	46 224.82	8.06	53.36	41.05	45.58
灵寿县	31 000.12	5.40	—	—	—
高邑县	15 523.39	2.71	50.75	31.85	41.06
深泽县	19 447.02	3.39	39.27	36.15	37.09
赞皇县	20 647.29	3.60	—	—	—
无极县	35 539.82	6.19	53.60	37.76	45.12
平山县	41 324.06	7.20	—	—	—
元氏县	37 149.39	6.48	47.88	34.18	43.02
赵县	47 807.59	8.33	109.03	38.01	69.12
晋州市	40 000.35	6.97	42.76	32.26	37.95
新乐市	31 764.76	5.54	50.09	20.22	34.51
辛集市	55 340.99	9.65	63.57	38.86	48.89

十九、铬

全市（参评县、区）耕层土壤铬含量平均为 41.65mg/kg，变化幅度在 0.01～113.07mg/kg。从表 3-19 中可以看出，超过全市（参评县、区）平均值的有元氏县、无极县、鹿泉区、栾城区和赵县，面积为 167 990.28hm²，占全市（参评县、区）总耕地面积的 29.28%；平均值小于 41.65mg/kg 的县（市、区）有行唐县、新乐市、深泽县、晋州市、井陉县和高邑县，面积合计为 176 556.03hm²，占全市（参评县、区）总耕地面积的 30.78%。

表 3-19　石家庄各县（市、区）耕地土壤铬值分布特点

行政单位	耕地面积（hm²）	占总耕地面积比例（%）	铬含量（mg/kg）		
			最大值	最小值	平均值
石家庄市（参评县、区）	573 728.51	100.00	113.07	0.01	41.65
藁城区	52 247.37	9.11	—	—	—
鹿泉区	23 783.76	4.15	63.43	34.05	45.31
栾城区	23 709.72	4.13	113.07	47.95	66.64
井陉县	23 595.69	4.11	45.91	29.13	38.28
正定县	28 622.37	4.99	—	—	—
行唐县	46 224.82	8.06	0.14	0.01	0.04
灵寿县	31 000.12	5.40	—	—	—
高邑县	15 523.39	2.71	50.75	31.85	41.06
深泽县	19 447.02	3.39	39.27	36.15	37.10
赞皇县	20 647.29	3.60	—	—	—
无极县	35 539.82	6.19	53.60	37.76	45.12
平山县	41 324.06	7.20	—	—	—
元氏县	37 149.39	6.48	47.88	34.18	43.02
赵县	47 807.59	8.33	109.03	38.01	69.12
晋州市	40 000.35	6.97	42.76	32.26	37.95
新乐市	31 764.76	5.54	50.09	20.22	34.51
辛集市	55 340.99	9.65	—	—	—

二十、汞

全市（参评县、区）耕层土壤汞含量平均为 0.270mg/kg，变化幅度在 0.055～0.556mg/kg。从表 3-20 中可以看出，超过全市（参评县、区）平均值的有晋州市、无极县、深泽县、鹿泉区、高邑县、栾城区、元氏县和正定县，面积为 223 775.82hm²，占全市（参评县、区）总耕地面积的 39.01%；平均值小于 0.270mg/kg 的县（市、区）有行唐县、辛集市、井陉县、赵县和新乐市，面积合计为 204 733.85hm²，占全市（参评县、区）总耕地面积的 35.69%。

表 3-20　石家庄各县（市、区）耕地土壤汞值分布特点

行政单位	耕地面积（hm²）	占总耕地面积比例（%）	汞含量（mg/kg）		
			最大值	最小值	平均值
石家庄市（参评县、区）	573 728.51	100.00	0.556	0.055	0.270
藁城区	52 247.37	9.11	—	—	—
鹿泉区	23 783.76	4.15	0.416	0.146	0.339
栾城区	23 709.72	4.13	0.489	0.239	0.388
井陉县	23 595.69	4.11	0.254	0.073	0.140
正定县	28 622.37	4.99	0.556	0.405	0.467
行唐县	46 224.82	8.06	0.115	0.055	0.082
灵寿县	31 000.12	5.40	—	—	—
高邑县	15 523.39	2.71	0.582	0.293	0.362
深泽县	19 447.02	3.39	0.510	0.107	0.312
赞皇县	20 647.29	3.60	—	—	—
无极县	35 539.82	6.19	0.332	0.232	0.274
平山县	41 324.06	7.20	—	—	—
元氏县	37 149.39	6.48	0.706	0.219	0.388
赵县	47 807.59	8.33	0.256	0.162	0.188
晋州市	40 000.35	6.97	0.326	0.245	0.273
新乐市	31 764.76	5.54	0.322	0.138	0.199
辛集市	55 340.99	9.65	0.158	0.090	0.127

二十一、砷

全市（参评县、区）耕层土壤砷含量平均为 10.74mg/kg，变化幅度在 4.14~20.60mg/kg。从表 3-21 中可以看出，超过全市（参评县、区）平均值的有无极县、深泽县、晋州市、井陉县、辛集市、行唐县和元氏县，面积为 257 298.08hm²，占全市（参评县、区）总耕地面积的 44.85%；平均值小于 10.74mg/kg 的县（市、区）有新乐市、赵县、正定县、鹿泉区、藁城区和高邑县，面积合计为 171 211.59hm²，占全市（参评县、区）总耕地面积的 29.85%。

表 3-21　石家庄各县（市、区）耕地土壤砷值分布特点

行政单位	耕地面积（hm^2）	占总耕地面积比例（%）	砷含量（mg/kg）		
			最大值	最小值	平均值
石家庄市（参评县、区）	573 728. 51	100. 00	20. 60	4. 14	10. 74
藁城区	52 247. 37	9. 11	—	—	—
鹿泉区	23 783. 76	4. 15	13. 50	5. 10	9. 88
栾城区	23 709. 72	4. 13	13. 30	7. 97	9. 93
井陉县	23 595. 69	4. 11	17. 50	6. 90	11. 37
正定县	28 622. 37	4. 99	9. 79	7. 95	8. 93
行唐县	46 224. 82	8. 06	19. 52	7. 83	14. 26
灵寿县	31 000. 12	5. 40	—	—	—
高邑县	15 523. 39	2. 71	17. 50	4. 20	10. 60
深泽县	19 447. 02	3. 39	11. 70	9. 96	11. 07
赞皇县	20 647. 29	3. 60	—	—	—
无极县	35 539. 82	6. 19	13. 70	7. 45	10. 86
平山县	41 324. 06	7. 20	—	—	—
元氏县	37 149. 39	6. 48	20. 60	6. 57	15. 23
赵县	47 807. 59	8. 33	11. 60	5. 78	8. 86
晋州市	40 000. 35	6. 97	12. 30	9. 04	11. 16
新乐市	31 764. 76	5. 54	6. 71	4. 14	5. 63
辛集市	55 340. 99	9. 65	19. 20	7. 35	11. 84

第四章　耕地质量评价

本次石家庄市耕地地力调查，结合当地的实际情况，平原区选择有机质、耕层厚度、有效磷、速效钾、耕层质地、灌溉能力、排涝能力、地形部位、障碍因素、盐渍化程度10个评价指标，山地丘陵区选择有效土层厚度、有机质、有效磷、速效钾、田面坡度、耕层质地、灌溉能力、地形部位、障碍因素9个评价指标，建立评价指标体系。以1∶5万土壤图、土地利用现状图、行政区划图3种图件叠加形成的图斑为评价单元。应用农业部统一提供的软件对全市耕地进行评价，将石家庄市耕地质量等级划分为十级地，耕地地力等级在1~10级。

第一节　耕地质量评价原理与方法

一、指导思想

按照党中央、国务院和河北省委、省政府关于加快推进生态文明建设，推进京津冀协同发展的决策部署和要求，全面加强耕地资源统计调查和监测基础工作，推动建立健全科学规范的耕地资源统计调查制度，摸清耕地资源资产的家底及其变动情况，为领导干部离任审计、粮食安全领导责任目标考核和生态环境损害责任追究提供支持。

二、编制原则

按照耕地质量等级划分技术规范要求，从耕地资源保护和管控的现实需要出发，在耕地质量划分规范框架下，编制反映耕地资源实物存量及变动情况的资产负债表，以构建科学、规范、管用的耕地资源资产负债表编制制度。

三、编制重点

（一）统一指标体系

按照全国《耕地质量划分规范》（NY/T 2872—2015）的要求，全市划分了平原和山地丘陵两个区域，分别制定了区域评价指标体系。13 个县（市、区）利用平原区指标体系，4 个县（市、区）利用山地丘陵区指标体系，分别对县域耕地质量等级进行评价。

（二）搜集图件数据

利用国土二调土地利用现状图、行政区划图和土壤图，借助县域耕地质量调查与评价成果，按照《河北省耕地质量等级划分技术规范》样点确定原则选择评价样点，填写样点基本情况调查表，建立数据库。现有资料不能满足调查表数据需求的可适当开展补充性调查。

（三）划分综合指数

河北省农业厅根据各县提供的评价单元耕地质量综合指数，确定统一的耕地质量等级划分指数。按照耕地质量等级及变动表，计算耕地质量加权平均等级。

（四）开展等级评价

利用县域耕地资源管理信息系统对耕地质量等级进行评价，制作县域耕地质量等级图，编制耕地质量等级统计表。

（五）评价标准

按照《河北省耕地质量等级划分技术规范》进行。

1. 耕地质量划分流程

（1）耕地质量划分流程图　耕地质量划分流程见图 4-1。

（2）区域划分　根据石家庄市耕地质量状况、特点，将石家庄市耕地质量区域划分为山地丘陵区和平原区。

（3）耕地质量指标　各区域耕地质量指标由基础性指标和区域补充性指标组成，其中，基础性指标包括地形部位、有机质、耕层质地、速效钾、有效磷、障碍因素、灌溉能力等 7 个指标。山地丘陵区补充性指标为田面坡度、有效土层厚度；平原区补充性指标为耕层厚度、排水能力、盐渍化程度。

（4）耕地质量指标获取。

地形部位：地形部位指中小地貌单元。山地丘陵区包括河流冲积平原、山前倾斜平原和低山丘陵坡地，其中，河流冲积平原要区分出河漫滩、低阶地、中阶地、边缘地带等；山前倾斜平原要区分上部、中部、下部。平原区包括平原、坡地、丘陵、河滩高地、冲洪积扇。其中，平原要区分山前平原、微斜平原、平原高阶；洼地要区分交接洼

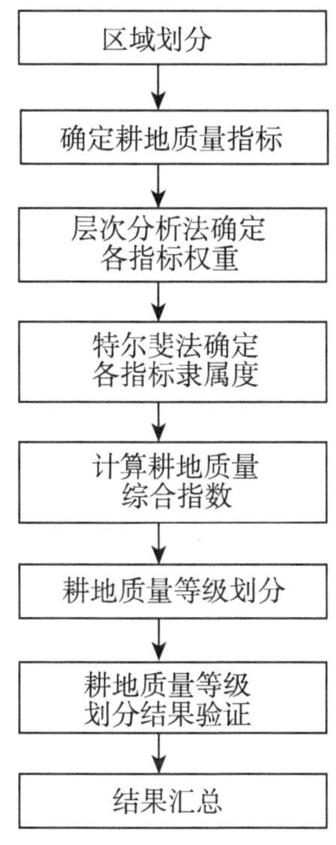

图 4-1　耕地质量划分流程

地、滨海低平地；坡地要区分坡地上部、缓平坡地；丘陵要区分丘陵上部、中部、下部。根据现场调查或地形地貌图获取。

有效土层厚度：查阅第二次土壤普查资料并结合现场调查确定。

有机质含量：采用测土配方施肥或土壤监测有机质测定值。

耕层质地：土壤机械组成分为砂土、砂壤、轻壤、中壤、重壤、黏土等，采用测土配方施肥或土壤监测测定值。

速效钾：土壤速效钾采用测土配方施肥或土壤监测测定值。

有效磷：土壤有效磷采用测土配方施肥或土壤监测测定值。

清洁程度：按照《土壤环境监测技术规范》（HJ/T 166—2006）规定的方法确定。

障碍因素：按对植物生长构成障碍的类型来确定，如沙化、盐渍化、侵蚀、潜育化及出现的障碍层次情况等。根据测土配方施肥调查或现场补充调查确定。

灌溉能力：调查水源类型、位置、灌溉方式、灌水量，综合判断灌溉用水量在多年灌溉中能够得到满足的程度，分为充分满足、满足、基本满足、不满足。根据测土配方施肥调查或现场补充调查确定。

排水能力：调查排水方式、排水设施现状等，综合判断农田保证作物正常生长，及时排除地表积水，有效控制和降低地下水位的能力，分为充分满足、满足、基本满足、不满足。根据测土配方施肥调查或现场补充调查确定。

耕层厚度：在野外实际测量确定，单位统一为厘米（cm），精确到小数点后 1 位。

田面坡度：实际测量农田坡面与水平面的夹角度数。

盐渍化程度：根据土壤水溶性含盐总量、氯化物盐含量、硫酸盐含量及农田出苗程度综合判定，分为无、轻度、中度、重度。

（5）技术准备。耕地质量划分建议采用农业部测土配方施肥项目统一提供的县域耕地资源管理信息系统软件来完成。

图件资料：土地利用现状图（第二次土地调查图）、行政区划图、土壤图及其他相关图件。

建立地理信息系统（GIS）支持下的耕地资源数据库标准。

确定评价单元：用土地利用现状图、行政区划图、土壤图叠加形成的图斑作为评价单元。

确定评价样点：按照平原地区覆盖到耕地主要土种、山地丘陵区覆盖到耕地主要土属的原则，兼顾地形地貌、肥力高低、作物种类和管理水平等因素，选取评价样点。平原县一般以 5 000 亩左右确定 1 个样点，山区丘陵县 3 000～5 000 亩确定 1 个样点。

野外调查：对评价样点的立地条件、土壤剖面性状、农田设施、灌溉排水等情况进行调查，并填写调查表（见附录 C）。2016 年耕地质量划分试点可从测土配方施肥项目中的土壤采样点或耕地质量数据大平台样点中选取，直接填写调查表。对于缺乏的信息可补充调查填写。

数据库建立：将调查表中的数据进行录入、审核，建立数据库，质量控制见附录 B。

（6）评价单元赋值。根据各评价因子的空间分布图或属性库，将各评价因子数据赋值给评价单元。

点位分布图赋值：对点位分布图（如养分点位分布图），采用插值的方法将其转换为栅格图，与评价单元图叠加，通过加权统计给评价单元赋值。

矢量分布图赋值：对矢量分布图（如土壤质地分布图），将其直接与评价单元图叠加，通过加权统计、属性提取，给评价单元赋值。

线型图赋值：对线型图（如等高线图），使用数据高程模型，形成栅格图，再与评价单元图叠加，通过加权统计给评价单元赋值。

（7）确定各指标权重。按照《耕地地力调查与质量评价技术规程》（NY/T 1634—2017）规定的层次分析法，建立目标层、准则层和指标层层次结构，构造判断矩阵，经层次单排序及其一致性检验，计算并确定所有指标对于耕地质量（目标层）相对重要性的排序权重值。河北省各区域的权重由省土肥站邀请有关专家评议打分后统一提供。

建立层次结构模型：按照层次分析法，建立目标层、准则层和指标层层次结构，用框图形式说明层次的递阶结构与因素的从属关系。当某个层次包含的因素较多时（如超过 9 个），可将该层次进一步划分为若干子层次。

构造判断矩阵：判断矩阵表示针对上一层次某因素，本层次与之有关因子之间相对重要性的比较。假定 A 层因素中 a_k 与下一层次中 B_1，B_2，…，B_n 有联系，构造的判断矩阵一般形式见表 4-1。

表 4-1　判断矩阵形式

a_k	B_1	B_2	…	B_n
B_1	b_{11}	b_{12}	…	b_{1n}
B_2	b_{21}	b_{22}	…	b_{2n}
⋮	⋮	⋮		⋮
B_n	b_{n1}	b_{n2}	…	b_{nn}

判断矩阵元素的值反映了人们对各因素相对重要性（或优劣、偏好、强度等）的认识，一般采用 1~9 及其倒数的标度方法。当相互比较因素的重要性能够用具有实际意义的比值说明时，判断矩阵相应元素的值则可以取这个比值。判断矩阵的元素标度及其含义见表 4-2。

表 4-2　判断矩阵标度及其含义

标度	含义
1	表示两个因素相比，具有同样重要性
3	表示两个因素相比，一个因素比另一个因素稍微重要
5	表示两个因素相比，一个因素比另一个因素明显重要
7	表示两个因素相比，一个因素比另一个因素强烈重要
9	表示两个因素相比，一个因素比另一个因素极端重要
2，4，6，8	上述两相邻判断的中值
倒数	因素 i 与 j 比较得判断 b_{ij}，则因素 j 与 i 比较的判断 $b_{ji}=1/b_{ij}$

层次单排序及其一致性检验：建立比较矩阵后，就可以求出各个因素的权值。采取的方法是用和积法计算出各矩阵的最大特征根 λ_{max} 及其对应的特征向量 W，并用 $CR=CI/RI$ 进行一致性检验。计算方法如下：

按式（1）将比较矩阵每一列正规化（以矩阵 B 为例）

$$\hat{b}_{ij} = \frac{b_{ij}}{\sum_{i=1}^{n} b_{ij}} \tag{1}$$

1）按式（2）每一列经正规化后的比较矩阵按行相加

$$\overline{W}_i = \sum_{j=1}^{n} \hat{b}_{ij} \tag{2}$$

2）按式（3）对向量

$$\overline{W} = [\overline{W}_1, \overline{W}_2, \cdots, \overline{W}_n] \tag{3}$$

3）按式（4）正规化

$$W_i = \frac{\overline{W}_i}{\sum_{i=1}^{n} \overline{W}_i},\ i = 1,2,\cdots,n \tag{4}$$

所得到的 $W=[W_1, W_2, \cdots, W_n]^T$ 即为所求特征向量，也就是各个因素的权重值。

4）按式（5）计算比较矩阵最大特征根λ_{max}

$$\lambda_{max} = \sum_{i=1}^{n} \frac{(BW)}{nW_i},\ i = 1,2,\cdots,n \tag{5}$$

式中 $(BW)_i$ 表示向量 BW 的第 i 个元素。

一致性检验：首先计算一致性指标 CI

$$CI = \frac{\lambda_{max} - n}{n - 1} \tag{6}$$

式中 n 为比较矩阵的阶，也即是因素的个数。

然后根据表 4-3 查找出随机一致性指标 RI，由式（7）计算一致性比率 CR。

$$CR = \frac{CI}{RI} \tag{7}$$

表 4-3　随机一致性指标 *RI* 的值

n	1	2	3	4	5	6	7	8	9	10	11
RI	0	0	0.58	0.9	1.12	1.24	1.32	1.41	1.45	1.49	1.51

当 $CR<0.1$ 就认为比较矩阵的不一致程度在容许范围内；否则必须重新调整矩阵。

层次总排序：计算同一层次所有因素对于最高层（总目标）相对重要性的排序权值，称为层次总排序。这一过程是从最高层次到最低层次逐层进行的。若上一层次 A 包含 m 个因素 A_1，A_2，……，A_m，其层次总排序权值分别为 a_1，a_2，……，a_m，下一层次 B 包含 n 个因素 B_1，B_2，……，B_n，它们对于因素 A_j 的层次单排序权值分别为 b_{1j}，b_{2j}，……，b_{nj}，（当 B_k 与 A_j 无联系时，$bkj=0$）此时 B 层次总排序权值由表 4-4 给出。

表 4-4　层次总排序的权值计算

层次 A / 层次 B	A_1	A_2	…	A_m	B 层次总排序权值
	a_1	a_2	…	a_m	
B_1	b_{11}	b_{12}	…	b_{1m}	$\sum_{i=1}^{m} a_i b_{1i}$
B_2	b_{21}	b_{22}	…	b_{2m}	$\sum_{j=1}^{m} a_j b_{2j}$
⋮	⋮	⋮			⋮
B_n	b_{n1}	b_{n2}	…	b_{nm}	$\sum_{j=1}^{m} a_j b_{nj}$

层次总排序的一致性检验：这一步骤也是从高到低逐层进行的。如果 B 层次某些因素对于 A_j 单排序的一致性指标为 CI_j，相应的平均随机一致性指标为 CR_j，则 B 层次总排序随机一致性比率用式（8）计算。

$$CR = \frac{\sum_{j=1}^{m} a_j CI_j}{\sum_{i=1}^{m} a_j RI_j} \tag{8}$$

类似地，当 $CR<0.1$ 时，认为层次总排序结果具有满意的一致性，否则需要重新调整判断矩阵的元素取值。

计算各指标隶属度：根据模糊数学的理论，将选定的评价指标与耕地质量之间的关系分为戒上型函数、直线型函数以及概念型 3 种类型的隶属函数。

1）戒上型函数模型。适合这种函数模型的评价因子，其数值越大，相应的耕地质量水平越高，但到了某一临界值后，其对耕地质量的正贡献效果也趋于恒定（如有效土层厚度、有机质含量等）。

$$y_i = \begin{cases} 0, & u_i \leqslant u_t \\ 1/(1 + a_i(u_i - c_i)^2), & u_t < u_i < c_i, (i = 1,2,\cdots,m) \\ 1, & c_i \leqslant u_i \end{cases} \tag{9}$$

式（9）中，y_i 为第 i 个因子的隶属度；u_i 为样品实测值；c_i 为标准指标；a_i 为系数；u_t 为指标下限值。

2）直线型函数模型。适合这种函数模型的评价因子，其数值的大小与耕地质量水平呈直线关系（如田面坡度）。

$$Y_i = a_i u_i + b \tag{10}$$

式（10）中，a_i 为系数，b 为截距。

3）概念型指标。这类指标其性状是定性的、非数值型的，与耕地质量之间是一种非线性的关系，如地形部位、质地等。这类因子不需要建立隶属函数模型。

（8）计算各指标隶属度。依据 NY/T 1634—2017 规定的方法，对于概念型评价因子，依据附录 D，采用特尔斐法直接给出隶属度。

对于数值型评价因子，用特尔斐法对一组实测值评估出相应的一组隶属度（参附录 D），并根据这两组数据拟合隶属函数；也可以根据唯一差异原则，用田间试验的方法获得测试值与耕地质量的一组数据，用这组数据直接拟合隶属函数，求得隶属函数中各参数值。再将各评价因子的实测值带入隶属函数计算，即可得到各评价因子的隶属度。鉴于质地对耕地某些指标的影响，有机质应按不同质地类型分别拟合隶属函数。

（9）计算耕地质量综合指数。采用累加法按照式（11）计算耕地质量综合指数。

$$P=\sum(C_i \times F_i) \tag{11}$$

式中：P——耕地质量综合指数（Integrated Fertility Index）；C_i——第 i 个评价指标的组合权重；F_i——第 i 个评价指标的隶属度。

（10）等级划分。按从大到小的顺序采用等距法将耕地质量划分为 10 个耕地质量等级。耕地质量综合指数越大，耕地质量水平越高。一等地耕地质量最高，十等地耕地质量最低。

各区域内耕地质量划分时，依据相应的耕地质量综合指数确定当地耕地质量最高最低等级范围，再划分耕地质量等级。山地丘陵区、平原区分别采用统一的耕地质量综合指数划分标准。见附录 E。

（11）耕地清洁程度调查与评价。当耕地周边有污染源或存在污染的，应根据区域大小，加大耕地环境质量调查取样点密度，检测土壤污染物含量，进行耕地清洁程度评价。耕地土壤单项污染指标限值按照 GB 15618—2018 的规定执行。按照 HJ/T 166—2006 规定的方法，计算土壤单项污染指数和土壤内梅罗污染指数，并按内梅罗指数将耕地清洁程度划分为清洁、尚清洁、轻度污染、中度污染、重度污染。对于轻度污染以上的耕地，实行一票否决，不再进行耕地质量等级划分，计入污染耕地面积。

2. 结果验证

结合耕地质量等级分布图，利用选择典型农户实地调查、专家论证等方式，将评价结果与当地实际情况进行对比分析，验证评价结果与当地实际情况的吻合程度。

3. 结果汇总

填写耕地质量等级及变动表，计算耕地质量加权平均等。

4. 石家庄市评价指标权重及农业分区

石家庄市耕地质量评价指标权重见表 4-5、表 4-6。石家庄市农业分区见表 4-7。

表 4-5　石家庄山前平原权重指标

序号	因子	权重
1	灌溉能力	0.141
2	地形部位	0.114
3	耕层质地	0.110
4	质地构型	0.101
5	有机质	0.097
6	成土母质	0.092
7	酸碱度	0.088
8	有效磷	0.080
9	障碍因素	0.061
10	速效钾	0.052
11	排水能力	0.032
12	灌溉方式	0.032

表 4-6　石家庄山地丘陵权重指标

序号	因子	权重
1	地形部位	0.148
2	灌溉能力	0.132
3	耕层质地	0.108
4	耕层厚度	0.098
5	有机质	0.094
6	质地构型	0.090
7	有效磷	0.086
8	成土母质	0.067
9	酸碱度	0.054
10	速效钾	0.049
11	障碍因素	0.042
12	排水能力	0.032

表 4-7　石家庄所属农业区

所属农业区	县（市、区）名
山地丘陵区（4 个）	灵寿县、平山县、赞皇县、井陉县
山前平原区（13 个）	正定县、栾城区、行唐县、高邑县、深泽县、无极县、元氏县、赵县、藁城区、晋州市、新乐市、鹿泉区、辛集市

5. 山前平原评价因子分值及隶属度

石家庄市山前平原耕地质量评价各因子分值及隶属度见表 4-8。

表 4-8　山前平原评价因子分值及隶属度

指标名称	条件	函数类型	函数模型	a 值	b 值	U_1 值	U_2 值	条件内容
质地构型	条件 1	概念型	$y=a$	1				质地构型 =‘上松下紧型’
质地构型	条件 2	概念型	$y=a$	1				质地构型 =‘海绵型’ Or 质地构型 =‘通体壤’
质地构型	条件 3	概念型	$y=a$	0.9				质地构型 =‘夹层型’
质地构型	条件 4	概念型	$y=a$	0.8				质地构型 =‘紧实型’
质地构型	条件 5	概念型	$y=a$	0.7				质地构型 =‘上紧下松型’
质地构型	条件 6	概念型	$y=a$	0.5				质地构型 =‘松散型’ Or 质地构型 =‘通体砂’
质地构型	条件 7	概念型	$y=a$	0.25				质地构型 =‘薄层型’
障碍层类型	条件 1	概念型	$y=a$	1				障碍因素 =‘无’
障碍层类型	条件 2	概念型	$y=a$	0.6				障碍因素 =‘障碍层次’
障碍层类型	条件 3	概念型	$y=a$	0.5				障碍因素 =‘瘠薄’
障碍层类型	条件 4	概念型	$y=a$	0.4				障碍因素 =‘酸化’
障碍层类型	条件 5	概念型	$y=a$	0.3				障碍因素 =‘渍潜’

（续表）

指标名称	条件	函数类型	函数模型	a值	b值	U_1值	U_2值	条件内容
障碍层类型	条件6	概念型	$y=a$	0.2				障碍因素='盐碱'
灌溉能力	条件1	概念型	$y=a$	1				灌溉能力='充分满足'
灌溉能力	条件2	概念型	$y=a$	0.85				灌溉能力='满足'
灌溉能力	条件3	概念型	$y=a$	0.7				灌溉能力='基本满足'
灌溉能力	条件4	概念型	$y=a$	0.4				灌溉能力='不满足'
排水能力	条件1	概念型	$y=a$	1				排水能力='充分满足'
排水能力	条件2	概念型	$y=a$	0.85				排水能力='满足'
排水能力	条件3	概念型	$y=a$	0.75				排水能力='基本满足'
排水能力	条件4	概念型	$y=a$	0.5				排水能力='不满足'
耕层质地	条件1	概念型	$y=a$	1				耕层质地='中壤'
耕层质地	条件2	概念型	$y=a$	0.9				耕层质地='轻壤'
耕层质地	条件3	概念型	$y=a$	0.8				耕层质地='重壤'
耕层质地	条件4	概念型	$y=a$	0.6				耕层质地='砂壤'
耕层质地	条件5	概念型	$y=a$	0.7				耕层质地='黏土'
耕层质地	条件6	概念型	$y=a$	0.5				耕层质地='砂土'
酸碱度	条件1	峰型	$y=1/(1+a*(u-c)^2)$	0.429 754	6.90 872	4.5	9	<全部>
有机质	条件1	戒上型	$y=1/(1+a*(u-c)^2)$	0.005 877	20	6	20	<全部>
有效磷	条件1	戒上型	$y=1/(1+a*(u-c)^2)$	0.002 212	40	4	40	<全部>
速效钾	条件1	戒上型	$y=1/(1+a*(u-c)^2)$	0.000 173	160	50	160	<全部>
地形部位	条件1	概念型	$y=a$	1				地形部位='山前平原' Or 地形部位='平原高阶'
地形部位	条件2	概念型	$y=a$	0.95				地形部位='微斜平原' Or 地形部位='低平原' Or 地形部位='平原中阶'
地形部位	条件3	概念型	$y=a$	0.9				地形部位='河谷阶地' Or 地形部位='河谷两侧' Or 地形部位='宽谷盆地'
地形部位	条件4	概念型	$y=a$	0.8				地形部位='山间盆地'
地形部位	条件5	概念型	$y=a$	0.7				地形部位='丘陵下部'
地形部位	条件6	概念型	$y=a$	0.6				地形部位='丘陵中部'
地形部位	条件7	概念型	$y=a$	0.5				地形部位='滨海低平地' Or 地形部位='平原低阶'
地形部位	条件8	概念型	$y=a$	0.4				地形部位='丘陵上部'
地形部位	条件9	概念型	$y=a$	0.3				地形部位='山地坡下'
地形部位	条件10	概念型	$y=a$	0.2				地形部位='山地坡中'
地形部位	条件11	概念型	$y=a$	0.1				地形部位='山地坡上'
成土母质	条件1	概念型	$y=a$	0.5				成土母质='残积物'
成土母质	条件2	概念型	$y=a$	0.6				成土母质='坡积物'
成土母质	条件3	概念型	$y=a$	0.7				成土母质='洪积物'
成土母质	条件4	概念型	$y=a$	0.9				成土母质='洪积冲积物'
成土母质	条件5	概念型	$y=a$	0.8				成土母质='湖积物'
成土母质	条件6	概念型	$y=a$	1				成土母质='冲积物'

（续表）

指标名称	条件	函数类型	函数模型	a 值	b 值	U_1 值	U_2 值	条件内容
灌溉方式	条件 1	概念型	$y=a$	0.85				灌溉方式 =‘沟灌’
灌溉方式	条件 2	概念型	$y=a$	1				灌溉方式 =‘喷灌’
灌溉方式	条件 3	概念型	$y=a$	0.75				灌溉方式 =‘畦灌’
灌溉方式	条件 4	概念型	$y=a$	0.6				灌溉方式 =‘漫灌’
灌溉方式	条件 5	概念型	$y=a$	0.5				灌溉方式 =‘无’

6. 山地丘陵评价因子分值及隶属度

石家庄市山地丘陵耕地质量评价因子分值及隶属度见表 4-9。

表 4-9　山地丘陵评价因子分值及隶属度

指标名称	条件	函数类型	函数模型	a 值	b 值	U_1 值	U_2 值	条件内容
质地构型	条件 1	概念型	$y=a$	1				质地构型 =‘上松下紧型’
质地构型	条件 2	概念型	$y=a$	1				质地构型 =‘海绵型’ Or 质地构型 =‘通体壤’
质地构型	条件 3	概念型	$y=a$	0.9				质地构型 =‘夹层型’
质地构型	条件 4	概念型	$y=a$	0.8				质地构型 =‘紧实型’
质地构型	条件 5	概念型	$y=a$	0.7				质地构型 =‘上紧下松型’
质地构型	条件 6	概念型	$y=a$	0.5				质地构型 =‘松散型’ Or 质地构型 =‘通体砂’
质地构型	条件 7	概念型	$y=a$	0.25				质地构型 =‘薄层型’
障碍层类型	条件 1	概念型	$y=a$	1				障碍因素 =‘无’
障碍层类型	条件 2	概念型	$y=a$	0.6				障碍因素 =‘障碍层次’
障碍层类型	条件 3	概念型	$y=a$	0.5				障碍因素 =‘瘠薄’
障碍层类型	条件 4	概念型	$y=a$	0.4				障碍因素 =‘酸化’
障碍层类型	条件 5	概念型	$y=a$	0.3				障碍因素 =‘渍潜’
障碍层类型	条件 6	概念型	$y=a$	0.2				障碍因素 =‘盐碱’
灌溉能力	条件 1	概念型	$y=a$	1				灌溉能力 =‘充分满足’
灌溉能力	条件 2	概念型	$y=a$	0.85				灌溉能力 =‘满足’
灌溉能力	条件 3	概念型	$y=a$	0.7				灌溉能力 =‘基本满足’
灌溉能力	条件 4	概念型	$y=a$	0.4				灌溉能力 =‘不满足’
排水能力	条件 1	概念型	$y=a$	1				排水能力 =‘充分满足’
排水能力	条件 2	概念型	$y=a$	0.85				排水能力 =‘满足’
排水能力	条件 3	概念型	$y=a$	0.75				排水能力 =‘基本满足’
排水能力	条件 4	概念型	$y=a$	0.5				排水能力 =‘不满足’
耕层质地	条件 1	概念型	$y=a$	1				耕层质地 =‘中壤’
耕层质地	条件 2	概念型	$y=a$	0.9				耕层质地 =‘轻壤’
耕层质地	条件 3	概念型	$y=a$	0.8				耕层质地 =‘重壤’
耕层质地	条件 4	概念型	$y=a$	0.6				耕层质地 =‘砂壤’
耕层质地	条件 5	概念型	$y=a$	0.7				耕层质地 =‘黏土’

（续表）

指标名称	条件	函数类型	函数模型	a值	b值	U_1值	U_2值	条件内容
耕层质地	条件6	概念型	$y=a$	0.5				耕层质地=‘砂土’
酸碱度	条件1	峰型	$y=1/(1+a*(u-c)^2)$	0.429 754	6.90 872	4.5	9	<全部>
有机质	条件1	戒上型	$y=1/(1+a*(u-c)^2)$	0.005 877	20	6	20	<全部>
有效磷	条件1	戒上型	$y=1/(1+a*(u-c)^2)$	0.002 212	40	4	40	<全部>
速效钾	条件1	戒上型	$y=1/(1+a*(u-c)^2)$	0.000 173	160	50	160	<全部>
地形部位	条件1	概念型	$y=a$	1				地形部位=‘山前平原’Or 地形部位=‘平原高阶’
地形部位	条件2	概念型	$y=a$	0.95				地形部位=‘微斜平原’Or 地形部位=‘低平原’Or 地形部位=‘平原中阶’
地形部位	条件3	概念型	$y=a$	0.9				地形部位=‘河谷阶地’Or 地形部位=‘河谷两侧’Or 地形部位=‘宽谷盆地’
地形部位	条件4	概念型	$y=a$	0.8				地形部位=‘山间盆地’
地形部位	条件5	概念型	$y=a$	0.7				地形部位=‘丘陵下部’
地形部位	条件6	概念型	$y=a$	0.6				地形部位=‘丘陵中部’
地形部位	条件7	概念型	$y=a$	0.5				地形部位=‘滨海低平地’Or 地形部位=‘平原低阶’
地形部位	条件8	概念型	$y=a$	0.4				地形部位=‘丘陵上部’
地形部位	条件9	概念型	$y=a$	0.3				地形部位=‘山地坡下’
地形部位	条件10	概念型	$y=a$	0.2				地形部位=‘山地坡中’
地形部位	条件11	概念型	$y=a$	0.1				地形部位=‘山地坡上’
成土母质	条件1	概念型	$y=a$	0.5				成土母质=‘残积物’
成土母质	条件2	概念型	$y=a$	0.6				成土母质=‘坡积物’
成土母质	条件3	概念型	$y=a$	0.7				成土母质=‘洪积物’
成土母质	条件4	概念型	$y=a$	0.9				成土母质=‘洪积冲积物’
成土母质	条件5	概念型	$y=a$	0.8				成土母质=‘湖积物’
成土母质	条件6	概念型	$y=a$	1				成土母质=‘冲积物’
耕层厚度	条件1	戒上型	$y=1/(1+a*(u-c)^2)$	0.002742	30.337198	10	30	<全部>

第二节　耕地质量分级

一、面积统计

利用 Arcgis 软件对评价图属性进行空间分析，检索统计耕地各等级的面积及图幅总面积。石家庄市（参评县、区）耕地总面积 57.37 万 hm^2 为基准，其中山前平原耕地 45.72 万 hm^2，山地丘陵耕地 11.66 万 hm^2，按面积比例进行平差，分区计算各耕地地力等级面积，结果见表 4-10、表 4-11。

表 4-10　山前平原耕地质量评价结果

等级	耕地面积（hm^2）	占总耕地面积比例（%）
1	16 098. 38	3. 52
2	194 203. 17	42. 48
3	153 662. 63	33. 61
4	48 013. 98	10. 50
5	25 506. 95	5. 58
6	10 125. 39	2. 21
7	6 853. 90	1. 50
8	1 607. 89	0. 35
9	579. 75	0. 13
10	509. 32	0. 11

表 4-11　山地丘陵耕地质量评价结果

等级	耕地面积（hm^2）	占总耕地面积比例（%）
3	4 622. 24	3. 97
4	7 248. 54	6. 22
5	6 948. 70	5. 96
6	11 600. 06	9. 95
7	8 104. 86	6. 95
8	21 164. 51	18. 16
9	27 401. 43	23. 51
10	29 476. 82	25. 29

二、地域分布

（一）山前平原区耕地质量等级地域分布

从等级分布图中可以看出，石家庄市山前平原耕地质量评价等级为 2. 88，其中一、二、三级地分布在高邑县、藁城区、行唐县、晋州市、鹿泉区、栾城区、深泽县、无极县、辛集市、新乐市、元氏县、赵县、正定县等，该分布区域地势平坦、水利设施良好、土壤质地多为中壤质，土层较厚；四、五、六、七级地分布在高邑县、藁城区、行唐县、晋州市、鹿泉区、栾城区、深泽县、无极县、辛集市、新乐市、元氏县、赵县、正定县等，该分布区域土壤质地多为砂壤质、轻壤质；八、九、十级地主要分布在行唐县、元氏县（表 4-12～表 4-24）。另外，从等级的分布地域特征可以看出，等级的高低与地貌地形存在着密切的关系，呈现出明显的地域分布规律：随着耕地地力等级的升高，地形地貌由山地向平原逐渐转换。

表 4-12　高邑县耕地质量等级统计

级别	面积（hm^2）	比例（%）
1	401.14	2.58
2	9 185.44	59.17
3	5 199.74	33.50
4	737.06	4.75

表 4-13　藁城区耕地质量等级统计

级别	面积（hm^2）	比例（%）
1	11 988.94	22.95
2	34 676.12	66.37
3	4 911.15	9.40
4	480.23	0.92
5	190.92	0.37

表 4-14　行唐县耕地质量等级统计

级别	面积（hm^2）	比例（%）
2	5 370.27	11.62
3	20 245.20	43.80
4	7 765.86	16.80
5	4 864.04	10.52
6	2 921.20	6.32
7	2 492.37	5.39
8	1 539.82	3.33
9	555.21	1.20
10	470.84	1.02

表 4-15　晋州市耕地质量等级统计

级别	面积（hm^2）	比例（%）
1	180.83	0.5
2	6 638.64	16.60
3	26 837.77	67.09
4	4 861.09	12.15
5	546.57	1.37
6	493.58	1.23
7	441.87	1.10

表 4-16　鹿泉区耕地质量等级统计

级别	面积（hm^2）	比例（%）
2	5 205. 01	21. 88
3	10 007. 01	42. 07
4	4 521. 84	19. 01
5	2 158. 92	9. 08
6	1 647. 56	6. 93
7	243. 40	1. 02

表 4-17　栾城区耕地质量等级统计

级别	面积（hm^2）	比例（%）
2	18 934. 23	79. 86
3	4 733. 66	19. 97
5	41. 83	0. 18

表 4-18　深泽县耕地质量等级统计

级别	面积（hm^2）	比例（%）
2	9 938. 42	51. 11
3	7 962. 88	40. 95
4	1 545. 72	7. 95

表 4-19　无极县耕地质量等级统计

级别	面积（hm^2）	比例（%）
1	788. 13	2. 22
2	25 935. 91	72. 98
3	8 476. 97	23. 85
4	338. 80	0. 95

表 4-20　辛集市耕地质量等级统计

级别	面积（hm^2）	比例（%）
2	9 648. 79	17. 44
3	17 395. 70	31. 43
4	14 790. 43	26. 73
5	9 705. 05	17. 54
6	1 371. 78	2. 48
7	2 429. 24	4. 39

表 4-21　新乐市耕地质量等级统计

级别	面积（hm^2）	比例（%）
1	1.78	0.01
2	15 867.76	49.95
3	12 418.83	39.10
4	2 249.94	7.08
5	527.21	1.66
6	699.23	2.20

表 4-22　元氏县耕地质量等级统计

级别	面积（hm^2）	比例（%）
2	7 479.59	20.13
3	11 832.12	31.85
4	7 520.22	20.24
5	6 442.88	17.34
6	2 742.15	7.38
7	1 114.53	3.00
10	17.90	0.05

表 4-23　赵县耕地质量等级统计

级别	面积（hm^2）	比例（%）
1	387.88	0.81
2	33 264.84	69.58
3	13 768.20	28.80
4	386.67	0.81

表 4-24　正定县耕地质量等级统计

级别	面积（hm^2）	比例（%）
1	2 522.83	8.81
2	13 561.69	47.38
3	9 608.99	33.57
4	2 315.01	8.09
5	613.85	2.14

（二）山地丘陵区耕地质量等级地域分布

从等级分布图中可以看出，石家庄市山地丘陵区耕地质量评价等级为 7.85，其中三级地分布在灵寿县，该分布区域地势平坦、水利设施良好、土壤质地多为中壤质，土层较厚；四、五、六、七级地分布在井陉县、灵寿县、平山县、赞皇县等，该分布区域土壤质地多为砂壤质、轻壤质；八、九、十级地分布在井陉县、灵寿县、平山县、赞皇县等（表 4-25～表 4-28）。

表 4-25　井陉县耕地质量等级统计

级别	面积（hm^2）	比例（%）
6	1 431. 27	6. 07
8	3 033. 41	12. 85
9	5 976. 09	25. 33
10	13 154. 92	55. 75

表 4-26　灵寿县耕地质量等级统计

级别	面积（hm^2）	比例（%）
3	4 855. 80	15. 66
4	4 244. 50	13. 69
5	3 294. 64	10. 63
6	2 837. 45	9. 15
7	2 219. 93	7. 16
8	3 535. 47	11. 40
9	3 828. 85	12. 35
10	6 183. 45	19. 95

表 4-27　平山县耕地质量等级统计

级别	面积（hm^2）	比例（%）
4	1 376. 75	3. 33
5	2 234. 93	5. 41
6	5 445. 04	13. 18
7	4 489. 12	10. 86
8	10 087. 10	24. 41
9	11 091. 27	26. 84
10	6 599. 86	15. 97

表 4-28　赞皇县耕地质量等级统计

级别	面积（hm^2）	比例（%）
4	1 908. 47	9. 24
5	1 626. 28	7. 88
6	1 920. 04	9. 30
7	1 509. 19	7. 31

（续表）

级别	面积（hm^2）	比例（%）
8	4 506.74	21.83
9	6 360.44	30.80
10	2 816.11	13.64

第三节 耕地质量分级描述

一、一级地

（一）面积与分布

将耕地质量等级分布图与行政区划图进行叠加分析，从耕地质量等级行政区域分布数据库中按权属字段检索出各等级的记录，统计各级地在各县（市、区）的分布状况。全市一级地，综合评价指数高于 0.945 1，耕地面积 16 271.54hm^2，占耕地总面积的 2.84%。分析结果见表 4-29。

表 4-29 一级地行政区域分布

县（市、区）	面积（hm^2）	占本级耕地比例（%）
高邑县	401.14	2.46
藁城区	11 988.94	73.68
晋州市	180.83	1.11
无极县	788.13	4.84
新乐市	1.78	0.01
赵县	387.88	2.38
正定县	2 522.83	15.50

（二）主要属性分析

1. 土壤耕层厚度

利用耕地质量等级图对土壤耕层厚度栅格数据进行区域统计得知，全市一级地土壤耕层厚度平均为 15.4cm，变化幅度在 15～18cm。

利用行政区划图与耕地质量等级图叠加联合形成行政区划耕地质量等级综合图，对土壤耕层厚度栅格数据进行区域统计得知，一级地中，土壤耕层厚度（平均值）最高的县是正定县，最低的县（市、区）是高邑县、晋州市、无极县、新乐市和赵县，统计结果见表4-30。

表4-30　土壤耕层厚度一级地行政区划分布　　(cm)

县（市、区）	最小值	最大值	平均值
高邑县	15	15	15.0
藁城区	15	18	15.0
晋州市	15	15	15.0
无极县	15	15	15.0
新乐市	15	15	15.0
赵县	15	15	15.0
正定县	18	18	18.0

2. 障碍因素

利用耕地质量等级图对障碍因素栅格数据进行区域统计得知，全市一级地无明显障碍。

3. 灌溉能力

利用耕地质量等级图对灌溉能力栅格数据进行区域统计得知，全市一级地灌溉能力处于“充分满足”状态。

4. 排水能力

利用耕地质量等级图对排水能力栅格数据进行区域统计得知，全市一级地排水能力处于“满足”和“充分满足”状态，其中高邑县和赵县处于“满足”状态，藁城区、晋州市、无极县、新乐市和正定县处于“充分满足”状态。

5. 有机质含量

利用耕地质量等级图对土壤有机质含量栅格数据进行区域统计得知，全市一级地土壤有机质含量平均为22.36g/kg，变化幅度在15.20~31.30g/kg。

利用行政区划图与耕地质量等级图叠加联合形成行政区划耕地质量等级综合图，对土壤有机质含量栅格数据进行区域统计得知，一级地中，土壤有机质含量（平均值）最高的县是正定县，最低的县是无极县，统计结果见表4-31。

表4-31　土壤有机质一级地行政区划分布　　(g/kg)

县（市、区）	最小值	最大值	平均值
高邑县	24.80	24.80	24.80
藁城区	15.20	31.30	22.21
晋州市	21.60	25.90	24.34
无极县	15.20	18.50	15.92

（续表）

县（市、区）	最小值	最大值	平均值
新乐市	18.00	18.00	18.00
赵县	23.30	24.80	24.14
正定县	25.60	31.30	27.15

6. 有效磷含量

利用耕地质量等级图对土壤有效磷含量栅格数据进行区域统计得知，全市一级地土壤有效磷含量平均为 47.62mg/kg，变化幅度在 32.20~112.60mg/kg。

利用行政区划图与耕地质量等级图叠加联合形成行政区划耕地质量等级综合图，对土壤有效磷含量栅格数据进行区域统计得知，一级地中，土壤有效磷含量（平均值）最高的县（市、区）是藁城区，最低的县（市、区）是晋州市和赵县，统计结果见表 4-32。

表 4-32　土壤有效磷一级地行政区划分布　（mg/kg）

县（市、区）	最小值	最大值	平均值
高邑县	42.50	42.50	42.50
藁城区	32.20	112.60	60.60
晋州市	37.10	46.70	40.59
无极县	51.80	58.20	53.19
新乐市	41.40	41.40	41.40
赵县	37.20	48.30	40.59
正定县	35.60	66.30	54.47

7. 速效钾含量

利用耕地质量等级图对土壤速效钾含量栅格数据进行区域统计得知，全市一级地土壤速效钾含量平均为 172.6mg/kg，变化幅度在 92~324mg/kg。

利用行政区划图与耕地质量等级图叠加联合形成行政区划耕地质量等级综合图，对土壤速效钾含量栅格数据进行区域统计得知，一级地中，土壤速效钾含量（平均值）最高的县是正定县，最低的县是高邑县，统计结果见表 4-33。

表 4-33　土壤速效钾一级地行政区划分布　（mg/kg）

县（市、区）	最小值	最大值	平均值
高邑县	137	137	137.3
藁城区	92	324	188.2
晋州市	189	191	190.1

（续表）

县（市、区）	最小值	最大值	平均值
无极县	142	144	144.4
新乐市	186	186	186.5
赵县	137	208	155.3
正定县	171	251	209.2

8. pH 值

利用耕地质量等级图对土壤 pH 值栅格数据进行区域统计得知，全市一级地土壤 pH 值平均为 7.3，变化幅度在 6.1~7.9。

利用行政区划图与耕地质量等级图叠加联合形成行政区划耕地质量等级综合图，对土壤 pH 值栅格数据进行区域统计得知，一级地中，土壤 pH 值（平均值）最高的县（市、区）是晋州市，最低的县是无极县，统计结果见表 4-34。

表 4-34　土壤 pH 值一级地行政区划分布

县（市、区）	最小值	最大值	平均值
高邑县	7.5	7.5	7.5
藁城区	6.1	7.9	7.6
晋州市	7.6	7.8	7.7
无极县	6.1	6.6	6.5
新乐市	7.3	7.3	7.3
赵县	7.5	7.8	7.6
正定县	6.6	7.7	7.0

9. 耕层质地

利用耕地质量等级图对土壤耕层质地栅格数据进行区域统计得知，全市一级地土壤耕层质地为轻壤和中壤。

利用行政区划图与耕地质量等级图叠加联合形成行政区划耕地质量等级综合图，对一级地土壤耕层质地数据进行区域统计，统计结果见表 4-35。

表 4-35　土壤耕层质地一级地行政区划分布　（hm^2）

县（市、区）	轻壤	中壤
高邑县	—	402.71
藁城区	11 532.09	449.52
晋州市	179.67	—
无极县	790.17	—
新乐市	1.78	—

（续表）

县（市、区）	轻壤	中壤
赵县	382.71	—
正定县	2 532.88	—

10. 质地构型

利用耕地质量等级图对土壤质地构型栅格数据进行区域统计得知，全市一级地土壤质地构型分为海绵型、紧实型、上松下紧型。

利用行政区划图与耕地质量等级图叠加联合形成行政区划耕地质量等级综合图，对一级地土壤质地构型进行区域统计，统计结果见表 4-36。

表 4-36　土壤质地构型一级地行政区划分布　（hm^2）

县（市、区）	海绵型	紧实型	上松下紧型
高邑县	—	—	402.71
藁城区	67.94	—	11 913.68
晋州市	—	—	179.67
无极县	—	—	790.17
新乐市	—	1.78	—
赵县	—	—	382.71
正定县	2 532.88	—	—

11. 成土母质

利用耕地质量等级图对成土母质栅格数据进行区域统计得知，全市一级地成土母质分为冲积物和洪积冲积物。

利用行政区划图与耕地质量等级图叠加联合形成行政区划耕地质量等级综合图，对一级地成土母质数据进行区域统计，统计结果见表 4-37。

表 4-37　成土母质一级地行政区划分布　（hm^2）

县（市、区）	冲积物	洪积冲积物
高邑县	—	402.71
藁城区	—	11 981.61
晋州市	—	179.67
无极县	—	790.17
新乐市	1.78	—
赵县	—	382.71
正定县	—	2 532.88

12. 地形部位

利用耕地质量等级图对地形部位栅格数据进行区域统计得知，全市一级地地形部位分为平原高阶和平原中阶。

利用行政区划图与耕地质量等级图叠加联合形成行政区划耕地质量等级综合图，对一级地地形部位数据进行区域统计，统计结果见表 4-38。

表 4-38　地形部位一级地行政区划分布　（hm^2）

县（市、区）	平原高阶	平原中阶
高邑县	—	402. 71
藁城区	11 913. 68	67. 94
晋州市	179. 67	—
无极县	790. 17	—
新乐市	—	1. 78
赵县	142. 92	239. 80
正定县	—	2 532. 88

二、二级地

（一）面积与分布

将耕地质量等级分布图与行政区划图进行叠加分析，从耕地质量等级行政区域分布数据库中按权属字段检索出各等级的记录，统计各级地在各县（市、区）的分布状况。全市二级地综合评价指数为 0. 885 6~0. 945 1，耕地面积 195 706. 71hm^2，占耕地总面积的 34. 11%。分析结果见表 4-39。

表 4-39　二级地行政区域分布

县（市、区）	面积（hm^2）	占本级耕地比例（%）
高邑县	9 185. 44	4. 69
藁城区	34 676. 12	17. 72
行唐县	5 370. 27	2. 74
晋州市	6 638. 64	3. 39
鹿泉区	5 205. 01	2. 66
栾城区	18 934. 23	9. 67
深泽县	9 938. 42	5. 08
无极县	25 935. 91	13. 25
辛集市	9 648. 79	4. 93
新乐市	15 867. 76	8. 11
元氏县	7 479. 59	3. 82

（续表）

县（市、区）	面积（hm^2）	占本级耕地比例（%）
赵县	33 264.84	17.00
正定县	13 561.69	6.93

（二）主要属性分析

1. 土壤耕层厚度

利用耕地质量等级图对土壤耕层厚度栅格数据进行区域统计得知，全市二级地土壤耕层厚度平均为 17.0cm，变化幅度在 12~20cm。

利用行政区划图与耕地质量等级图叠加联合形成行政区划耕地质量等级综合图，对土壤耕层厚度栅格数据进行区域统计得知，二级地中，土壤耕层厚度（平均值）最高的县是赵县，最低的县（市、区）是新乐市，统计结果见表 4-40。

表 4-40　土壤耕层厚度二级地行政区划分布　　（cm）

县（市、区）	最小值	最大值	平均值
高邑县	15	15	15.0
藁城区	15	20	15.1
行唐县	16	18	16.0
晋州市	15	20	16.9
鹿泉区	15	20	16.4
栾城区	15	20	19.0
深泽县	18	19	19.0
无极县	15	18	17.9
辛集市	17	20	18.1
新乐市	12	18	14.6
元氏县	13	20	15.8
赵县	15	20	19.7
正定县	14	20	17.7

2. 障碍因素

利用耕地质量等级图对障碍因素栅格数据进行区域统计得知，全市二级地基本无明显障碍，只有部分耕地存在障碍层次。

利用行政区划图与耕地质量等级图叠加联合形成行政区划耕地质量等级综合图，对土壤障碍因素栅格数据进行区域统计得知，二级地中，只有行唐县部分耕地存在障碍层次，统计结果见表 4-41。

表 4-41　土壤障碍因素二级地行政区划分布　(hm²)

县（市、区）	无	障碍层次
高邑县	9 193.80	—
藁城区	34 551.57	—
行唐县	4 740.48	910.61
晋州市	6 576.34	—
鹿泉区	5 449.97	—
栾城区	18 908.86	—
深泽县	9 840.14	—
无极县	25 925.52	—
辛集市	9 682.25	—
新乐市	15 884.12	—
元氏县	7 744.57	—
赵县	32 723.38	—
正定县	13 575.13	—

3. 灌溉能力

利用耕地质量等级图对灌溉能力栅格数据进行区域统计得知，全市二级地灌溉能力处于“基本满足”“满足”和“充分满足”状态。

利用行政区划图与耕地质量等级图叠加联合形成行政区划耕地质量等级综合图，对灌溉能力栅格数据进行区域统计得知，二级地中，除高邑县、元氏县部分耕地处于“基本满足”状态，其余耕地处于“满足”和“充分满足”状态，统计结果见表 4-42。

表 4-42　土壤灌溉能力二级地行政区划分布　(hm²)

县（市、区）	基本满足	满足	充分满足
高邑县	265.21	1 658.20	7 270.38
藁城区	—	11.78	34 539.78
行唐县	—	5 468.35	182.74
晋州市	—	4 940.09	1 636.24
鹿泉区	—	—	5 449.97
栾城区	—	—	18 908.86
深泽县	—	—	9 840.14
无极县	—	—	25 925.52
辛集市	—	5 644.22	4 038.03
新乐市	—	—	15 884.12
元氏县	4 866.76	268.70	2 609.11
赵县	—	—	32 723.38
正定县	—	—	13 575.13

4. 排水能力

利用耕地质量等级图对灌溉能力栅格数据进行区域统计得知，全市二级地排水能力处于“基本满足”“满足”和“充分满足”状态。

利用行政区划图与耕地质量等级图叠加联合形成行政区划耕地质量等级综合图，对排水能力栅格数据进行区域统计得知，二级地中，除藁城区、晋州市、鹿泉区、辛集市部分耕地处于“基本满足”状态，其余耕地处于“满足”和“充分满足”状态，统计结果见表 4-43。

表 4-43　土壤排水能力二级地行政区划分布 （hm^2）

县（市、区）	基本满足	满足	充分满足
高邑县	—	9 193.80	—
藁城区	11.78	—	34 539.78
行唐县	—	5 468.35	182.74
晋州市	4 940.09	172.75	1 463.49
鹿泉区	1 622.68	3 275.38	551.91
栾城区	—	—	18 908.86
深泽县	—	3 062.35	6 777.79
无极县	—	—	25 925.52
辛集市	98.76	9 393.51	189.98
新乐市	—	—	15 884.11
元氏县	—	5 915.85	1 828.72
赵县	—	1 571.71	31 151.68
正定县	—	—	13 575.13

5. 有机质含量

利用耕地质量等级图对土壤有机质含量栅格数据进行区域统计得知，全市二级地土壤有机质含量平均为 23.44g/kg，变化幅度在 8.70~37.40g/kg。

利用行政区划图与耕地质量等级图叠加联合形成行政区划耕地质量等级综合图，对土壤有机质含量栅格数据进行区域统计得知，二级地中，土壤有机质含量（平均值）最高的县（市、区）是鹿泉区，最低的县（市、区）是无极县，统计结果见表 4-44。

表 4-44　土壤有机质二级地行政区划分布 （g/kg）

县（市、区）	最小值	最大值	平均值
高邑县	18.00	32.90	27.13
藁城区	8.70	31.90	21.08
行唐县	9.90	27.60	24.98

（续表）

县（市、区）	最小值	最大值	平均值
晋州市	10.20	24.10	21.48
鹿泉区	16.70	37.40	29.05
栾城区	9.90	31.00	21.72
深泽县	16.60	28.50	23.85
无极县	15.80	29.10	20.98
辛集市	16.90	28.70	21.38
新乐市	9.90	30.30	21.49
元氏县	21.70	32.40	27.43
赵县	10.20	28.40	21.74
正定县	9.90	29.30	22.38

6. 有效磷含量

利用耕地质量等级图对土壤有效磷含量栅格数据进行区域统计得知，全市二级地土壤有效磷含量平均为39.23mg/kg，变化幅度在7.80~110.00mg/kg。

利用行政区划图与耕地质量等级图叠加联合形成行政区划耕地质量等级综合图，对土壤有效磷含量栅格数据进行区域统计得知，二级地中，土壤有效磷含量（平均值）最高的县是元氏县，最低的县（市、区）是深泽县，统计结果见表4-45。

表4-45　土壤有效磷二级地行政区划分布　（mg/kg）

县（市、区）	最小值	最大值	平均值
高邑县	14.50	53.00	29.69
藁城区	14.00	110.00	37.25
行唐县	28.80	49.90	43.06
晋州市	17.50	85.20	43.21
鹿泉区	7.80	61.30	33.25
栾城区	15.90	63.40	27.99
深泽县	13.00	47.50	26.85
无极县	18.70	64.00	29.97
辛集市	13.00	110.00	52.99
新乐市	25.20	95.00	51.77
元氏县	10.00	93.00	55.87
赵县	17.50	82.00	33.66
正定县	15.90	78.90	44.42

7. 速效钾含量

利用耕地质量等级图对土壤速效钾含量栅格数据进行区域统计得知，全市二级地土壤速效钾含量平均为151.9mg/kg，变化幅度在47~388mg/kg。

利用行政区划图与耕地质量等级图叠加联合形成行政区划耕地质量等级综合图，对土壤速效钾含量栅格数据进行区域统计得知，二级地中，土壤速效钾含量（平均值）最高的县（市、区）是栾城区，最低的县（市、区）是行唐县，统计结果见表4-46。

表4-46　土壤速效钾二级地行政区划分布　（mg/kg）

县（市、区）	最小值	最大值	平均值
高邑县	86	271	133.2
藁城区	66	370	153.5
行唐县	78	127	88.2
晋州市	103	312	116.8
鹿泉区	93	228	135.9
栾城区	108	300	197.6
深泽县	100	312	174.2
无极县	69	370	111.7
辛集市	89	388	158.1
新乐市	78	252	106.8
元氏县	106	249	142.2
赵县	86	278	153.6
正定县	47	282	119.0

8. pH值

利用耕地质量等级图对土壤pH值栅格数据进行区域统计得知，全市二级地土壤pH值平均为7.7，变化幅度在5.4~8.4。

利用行政区划图与耕地质量等级图叠加联合形成行政区划耕地质量等级综合图，对土壤pH值栅格数据进行区域统计得知，二级地中，土壤pH值（平均值）最高的县（市、区）是晋州市，最低的县（市、区）是行唐县，统计结果见表4-47。

表4-47　土壤pH值二级地行政区划分布

县（市、区）	最小值	最大值	平均值
高邑县	6.8	8.2	7.8
藁城区	6.0	8.4	7.7
行唐县	6.5	7.4	7.0
晋州市	7.4	8.3	8.2
鹿泉区	7.3	8.2	7.8
栾城区	6.8	8.2	8.0
深泽县	7.5	8.3	8.1
无极县	6.3	8.4	7.7

（续表）

县（市、区）	最小值	最大值	平均值
辛集市	7.3	8.4	7.9
新乐市	5.4	8.0	7.3
元氏县	6.8	8.3	7.6
赵县	6.9	8.2	8.0
正定县	5.4	8.2	7.4

9. 耕层质地

利用耕地质量等级图对土壤耕层质地栅格数据进行区域统计得知，全市二级地土壤耕层质地为砂土、砂壤、轻壤、重壤和黏土。

利用行政区划图与耕地质量等级图叠加联合形成行政区划耕地质量等级综合图，对二级地土壤耕层质地数据进行区域统计，统计结果见表 4-48。

表 4-48　土壤耕层质地二级地行政区划分布　（hm^2）

县（市、区）	黏土	轻壤	砂壤	砂土	重壤
高邑县	235.53	334.68	—	—	55.99
藁城区	—	32 736.33	1 698.08	15.74	—
行唐县	—	5 651.09	—	—	—
晋州市	—	6 178.91	368.43	29.00	—
鹿泉区	—	4 051.49	—	—	—
栾城区	—	18 908.86	—	—	—
深泽县	—	6 063.17	207.99	—	—
无极县	—	25 866.47	59.05	—	—
辛集市	—	8 335.90	95.40	1.16	700.19
新乐市	—	9 431.58	5 588.97	863.56	—
元氏县	—	550.42	—	—	4 105.23
赵县	—	32 723.38	—	—	—
正定县	—	13 564.19	10.94	—	—

10. 质地构型

利用耕地质量等级图对土壤质地构型栅格数据进行区域统计得知，全市二级地土壤质地构型分为海绵型、紧实型、上紧下松型和上松下紧型。

利用行政区划图与耕地质量等级图叠加联合形成行政区划耕地质量等级综合图，对二级地土壤质地构型进行区域统计，统计结果见表 4-49。

表 4-49　土壤质地构型二级地行政区划分布　(hm²)

县（市、区）	海绵型	紧实型	上紧下松型	上松下紧型
高邑县	—	—	—	9 193.80
藁城区	1 271.12	—	—	33 280.45
行唐县	4 740.48	—	—	910.61
晋州市	4 940.09	746.00	—	890.24
鹿泉区	5 150.22	—	138.54	161.21
栾城区	—	—	—	18 908.86
深泽县	267.37	9 572.77	—	—
无极县	24 047.68	—	1 105.40	772.43
辛集市	98.76	189.98	—	7 442.41
新乐市	2 322.69	12 786.45	169.76	2.41
元氏县	4 866.76	—	—	2 877.81
赵县	—	—	—	32 723.38
正定县	9 995.95	23.23	860.54	1 355.66

11. 成土母质

利用耕地质量等级图对成土母质栅格数据进行区域统计得知，全市二级地成土母质分为冲积物和洪积冲积物。

利用行政区划图与耕地质量等级图叠加联合形成行政区划耕地质量等级综合图，对二级地成土母质数据进行区域统计，统计结果见表 4-50。

表 4-50　成土母质二级地行政区划分布　(hm²)

县（市、区）	冲积物	洪积冲积物
高邑县	—	9 193.80
藁城区	—	34 551.57
行唐县	1 910.20	3 740.88
晋州市	918.76	5 657.58
鹿泉区	138.54	5 311.43
栾城区	—	18 908.86
深泽县	9 572.77	267.37
无极县	—	25 925.52
辛集市	9 583.49	98.76
新乐市	13 389.24	2 494.87
元氏县	—	7 744.57
赵县	—	32 723.38
正定县	554.48	13 020.64

12. 地形部位

利用耕地质量等级图对地形部位栅格数据进行区域统计得知，全市二级地地形部位分为宽谷盆地、平原高阶、平原中阶和丘陵中部。

利用行政区划图与耕地质量等级图叠加联合形成行政区划耕地质量等级综合图，对二级地地形部位数据进行区域统计，统计结果见表 4-51。

表 4-51　地形部位二级地行政区划分布　(hm^2)

县（市、区）	宽谷盆地	平原高阶	平原中阶	丘陵中部
高邑县	—	—	9 193.80	—
藁城区	—	32 106.28	2 445.29	—
行唐县	—	—	5 651.09	—
晋州市	—	1 599.96	4 976.38	—
鹿泉区	138.54	3 735.09	161.21	1 415.13
栾城区	—	981.38	17 927.48	—
深泽县	—	9 572.77	267.37	—
无极县	—	772.43	25 153.08	—
辛集市	—	6 685.64	2 996.60	—
新乐市	—	2.41	15 881.70	—
元氏县	—	—	7 744.57	—
赵县	—	1 314.45	31 408.94	—
正定县	531.25	1 355.66	11 688.21	—

三、三级地

（一）面积与分布

将耕地质量等级分布图与行政区划图进行叠加分析，从耕地质量等级行政区域分布数据库中按权属字段检索出各等级的记录，统计各级地在各县区的分布状况。全市三级地综合评价指数为 0.828 2～0.895 3，耕地面积 158 254.04 hm^2，占耕地总面积的 27.58%。分析结果见表 4-52。

表 4-52　三级地行政区域分布

县（市、区）	面积（hm^2）	占本级耕地比例（%）
高邑县	5 199.74	3.29
藁城区	4 911.15	3.10
行唐县	20 245.20	12.79
晋州市	26 837.77	16.96
鹿泉区	10 007.01	6.32
栾城区	4 733.66	2.99
深泽县	7 962.88	5.03
无极县	8 476.97	5.36

（续表）

县（市、区）	面积（hm^2）	占本级耕地比例（%）
辛集市	17 395.70	10.99
新乐市	12 418.83	7.85
元氏县	11 832.12	7.48
赵县	13 768.20	8.70
正定县	9 608.99	6.07
灵寿县	4 855.80	3.07

（二）主要属性分析

1. 土壤耕层厚度

利用耕地质量等级图对土壤耕层厚度栅格数据进行区域统计得知，全市三级地土壤耕层厚度平均为17.20cm，变化幅度在11~25cm。

利用行政区划图与耕地质量等级图叠加联合形成行政区划耕地质量等级综合图，对土壤耕层厚度栅格数据进行区域统计得知，三级地中，土壤耕层厚度（平均值）最高的是灵寿县，最低的是新乐市，统计结果见表4-53。

表4-53　土壤耕层厚度三级地行政区划分布　（cm）

县（市、区）	最小值	最大值	平均值
高邑县	15	15	15.0
藁城区	13	18	15.4
行唐县	13	16	14.9
晋州市	15	20	17.1
灵寿县	20	25	20.5
鹿泉区	15	20	16.9
栾城区	13	20	18.6
深泽县	18	19	18.9
无极县	15	19	18.1
辛集市	17	20	18.7
新乐市	11	18	13.7
元氏县	14	20	15.7
赵县	14	20	19.4
正定县	15	18	18.0

2. 障碍因素

利用耕地质量等级图对障碍因素栅格数据进行区域统计得知，全市三级地基本无明显障碍，只有部分耕地存在障碍层次。

利用行政区划图与耕地质量等级图叠加联合形成行政区划耕地质量等级综合图，对土壤障碍因素栅格数据进行区域统计得知，三级地中，只有行唐县和辛集市部分耕地存在障碍层次，统计结果见表 4-54。

表 4-54 土壤障碍因素三级地行政区划分布 (hm²)

县（市、区）	无	障碍层次
高邑县	5 148.95	—
藁城区	4 841.31	—
行唐县	16 554.51	4 522.06
晋州市	26 302.29	—
灵寿县	5 053.77	—
鹿泉区	10 366.18	—
栾城区	4 676.89	—
深泽县	7 800.02	—
无极县	8 383.17	—
辛集市	16 778.31	491.48
新乐市	12 299.00	—
元氏县	12 120.60	—
赵县	13 399.60	—
正定县	9 515.90	—

3. 灌溉能力

利用耕地质量等级图对灌溉能力栅格数据进行区域统计得知，全市三级地灌溉能力处于“不满足”“基本满足”“满足”和“充分满足”状态。

利用行政区划图与耕地质量等级图叠加联合形成行政区划耕地质量等级综合图，对灌溉能力栅格数据进行区域统计得知，三级地中，除高邑县、元氏县部分耕地处于“不满足”状态，其余耕地处于“基本满足”“满足”和“充分满足”状态，统计结果见表 4-55。

表 4-55 土壤灌溉能力三级地行政区划分布 (hm²)

县（市、区）	不满足	基本满足	满足	充分满足
高邑县	87.66	1 459.19	1 726.00	1 876.10
藁城区	—	—	250.48	4 590.83
行唐县	—	5 699.07	15 359.10	18.40
晋州市	—	—	24 808.20	1 494.09
灵寿县	—	283.67	4 770.10	—
鹿泉区	—	694.13	2 117.85	7 554.20
栾城区	—	316.86	—	4 360.03
深泽县	—	—	—	7 800.02

（续表）

县（市、区）	不满足	基本满足	满足	充分满足
无极县	—	—	—	8 383.17
辛集市	—	—	4 680.96	12 588.82
新乐市	—	—	673.99	11 625.01
元氏县	1 261.45	9 985.00	90.06	784.09
赵县	—	873.85	1 145.43	11 380.31
正定县	—	—	0.20	9 515.67

4. 排水能力

利用耕地质量等级图对灌溉能力栅格数据进行区域统计得知，全市三级地排水能力处于“基本满足”“满足”和“充分满足”状态。

利用行政区划图与耕地质量等级图叠加联合形成行政区划耕地质量等级综合图，对排水能力栅格数据进行区域统计得知，三级地中，除藁城区、晋州市、鹿泉区、辛集市、赵县部分耕地处于“基本满足”状态，其余耕地处于“满足”和“充分满足”状态，统计结果见表 4-56。

表 4-56　土壤排水能力三级地行政区划分布　（hm^2）

县（市、区）	基本满足	满足	充分满足
高邑县	—	5 148.95	—
藁城区	250.48	—	4 590.83
行唐县	—	21 058.17	18.40
晋州市	24 710.39	958.25	633.65
灵寿县	—	5 053.77	—
鹿泉区	2 761.24	6 594.66	1 010.28
栾城区	—	709.38	3 967.50
深泽县	—	2 533.88	5 266.13
无极县	—	—	8 383.17
辛集市	420.44	16 843.86	5.48
新乐市	—	673.99	11 625.01
元氏县	—	12 120.60	—
赵县	1 145.43	1 057.32	11 196.85
正定县	—	4.00	9 511.89

5. 有机质含量

利用耕地质量等级图对土壤有机质含量栅格数据进行区域统计得知，全市三级地土壤有机质含量平均为 21.65g/kg，变化幅度在 8.20~36.60g/kg。

利用行政区划图与耕地质量等级图叠加联合形成行政区划耕地质量等级综合图，对

土壤有机质含量栅格数据进行区域统计得知，三级地中，土壤有机质含量（平均值）最高的县（市、区）是鹿泉区，最低的县（市、区）是晋州市，统计结果见表4-57。

表4-57　土壤有机质三级地行政区划分布　(g/kg)

县（市、区）	最小值	最大值	平均值
高邑县	18.40	33.00	24.82
藁城区	8.90	26.20	17.48
行唐县	9.00	30.80	23.55
晋州市	9.50	27.70	16.06
灵寿县	14.60	33.30	22.56
鹿泉区	15.30	34.20	30.73
栾城区	11.00	31.20	22.22
深泽县	10.80	28.50	19.06
无极县	9.40	23.60	19.64
辛集市	12.30	28.70	18.12
新乐市	9.00	36.60	19.63
元氏县	12.40	32.30	25.53
赵县	8.20	27.00	21.76
正定县	10.00	28.40	21.95

6. 有效磷含量

利用耕地质量等级图对土壤有效磷含量栅格数据进行区域统计得知，全市三级地土壤有效磷含量平均为26.31mg/kg，变化幅度在4.90~135.00mg/kg。

利用行政区划图与耕地质量等级图叠加联合形成行政区划耕地质量等级综合图，对土壤有效磷含量栅格数据进行区域统计得知，三级地中，土壤有效磷含量（平均值）最高的是灵寿县，最低的是栾城区，统计结果见表4-58。

表4-58　土壤有效磷三级地行政区划分布　(mg/kg)

县（市、区）	最小值	最大值	平均值
高邑县	7.50	45.00	16.55
藁城区	7.60	122.50	24.08
行唐县	14.20	55.40	33.99
晋州市	10.50	135.00	39.28
灵寿县	28.00	111.50	59.10
鹿泉区	4.90	70.70	21.65
栾城区	5.70	41.00	11.60
深泽县	6.00	40.00	13.24
无极县	6.00	38.00	19.00

（续表）

县（市、区）	最小值	最大值	平均值
辛集市	5.00	135.00	36.24
新乐市	9.90	95.00	24.59
元氏县	5.70	86.00	34.48
赵县	10.50	54.00	19.48
正定县	6.60	77.40	15.11

7. 速效钾含量

利用耕地质量等级图对土壤速效钾含量栅格数据进行区域统计得知，全市三级地土壤速效钾含量平均为129.6mg/kg，变化幅度在40~388mg/kg。

利用行政区划图与耕地质量等级图叠加联合形成行政区划耕地质量等级综合图，对土壤速效钾含量栅格数据进行区域统计得知，三级地中，土壤速效钾含量（平均值）最高的县（市、区）是栾城区，最低的县（市、区）是新乐市，统计结果见表4-59。

表4-59 土壤速效钾三级地行政区划分布 （mg/kg）

县（市、区）	最小值	最大值	平均值
高邑县	77	204	119.3
藁城区	58	150	100.2
行唐县	65	117	89.2
晋州市	40	238	115.3
灵寿县	50	248	141.2
鹿泉区	75	265	168.4
栾城区	84	249	191.2
深泽县	86	297	153.9
无极县	65	183	101.2
辛集市	40	388	163.8
新乐市	62	135	88.4
元氏县	77	186	140.7
赵县	51	235	131.2
正定县	47	235	112.4

8. pH值

利用耕地质量等级图对土壤pH值栅格数据进行区域统计得知，全市三级地土壤pH值平均为8.0，变化幅度在5.4~8.7。

利用行政区划图与耕地质量等级图叠加联合形成行政区划耕地质量等级综合图，对土壤pH值栅格数据进行区域统计得知，三级地中，土壤pH值（平均值）最高的县

（市、区）是辛集市，最低的县（市、区）是新乐市，统计结果见表4-60。

表 4-60　土壤 pH 值三级地行政区划分布

县（市、区）	最小值	最大值	平均值
高邑县	7.7	8.5	8.1
藁城区	6.2	8.6	7.8
行唐县	6.5	8.2	7.7
晋州市	7.8	8.5	8.2
灵寿县	5.6	8.7	7.8
鹿泉区	6.9	8.4	7.9
栾城区	8.0	8.3	8.1
深泽县	8.0	8.5	8.3
无极县	6.3	8.4	8.0
辛集市	7.3	8.7	8.4
新乐市	5.4	8.1	7.4
元氏县	5.7	8.1	7.6
赵县	8.0	8.3	8.1
正定县	6.9	8.6	8.0

9. 耕层质地

利用耕地质量等级图对土壤耕层质地栅格数据进行区域统计得知，全市三级地土壤耕层质地为砂土、砂壤、轻壤、中壤、重壤和黏土。

利用行政区划图与耕地质量等级图叠加联合形成行政区划耕地质量等级综合图，对三级地土壤耕层质地数据进行区域统计，统计结果见表4-61。

表 4-61　土壤耕层质地三级地行政区划分布　（hm^2）

县（市、区）	黏土	轻壤	砂壤	砂土	中壤	重壤
高邑县	354.86	—	—	—	4 730.24	63.85
藁城区	—	4 372.76	431.84	36.72	—	—
行唐县	—	18 675.54	2 401.03	—	—	—
晋州市	—	26 116.13	185.33	0.83	—	—
灵寿县	—	4 959.86	59.34	—	34.57	—
鹿泉区	—	8 988.15	34.18	—	1 343.86	—
栾城区	—	4 676.89	—	—	—	—
深泽县	—	5 974.51	158.44	—	1 667.07	—
无极县	—	7 980.25	402.92	—	—	—
辛集市	—	12 678.71	2 031.94	526.43	764.00	1 268.70
新乐市	—	9 872.05	2 279.56	147.39	—	—

（续表）

县（市、区）	黏土	轻壤	砂壤	砂土	中壤	重壤
元氏县	—	2 435.76	28.30	—	4 605.02	5 051.52
赵县	—	13 364.60	35.00	—	—	—
正定县	—	9 286.22	229.68	—	—	—

10. 质地构型

利用耕地质量等级图对土壤质地构型栅格数据进行区域统计得知，全市三级地土壤质地构型分为海绵型、夹层型、紧实型、上紧下松型、上松下紧型、松散型和通体壤。

利用行政区划图与耕地质量等级图叠加联合形成行政区划耕地质量等级综合图，对三级地土壤质地构型进行区域统计，统计结果见表 4-62。

表 4-62　土壤质地构型三级地行政区划分布　（hm^2）

县（市、区）	海绵型	夹层型	紧实型	上紧下松型	上松下紧型	松散型	通体壤
高邑县	—	—	—	—	5 148.95	—	—
藁城区	608.30	—	283.23	—	3 761.95	187.83	—
行唐县	15 167.10	1 369.01	18.40	764.98	3 757.09	—	—
晋州市	24 273.73	535.31	583.08	—	109.38	800.80	—
灵寿县	—	—	59.34	—	34.57	—	4959.86
鹿泉区	9 559.39	—	—	806.79	—	—	—
栾城区	709.38	—	—	—	3 967.50	—	—
深泽县	1.79	—	7 261.25	—	—	536.98	—
无极县	5 681.35	—	458.46	884.30	0.30	1 358.77	—
辛集市	4 20.44	2 551.26	1 330.57	—	5 479.97	7 487.55	—
新乐市	777.39	—	8 578.72	—	—	2 942.89	—
元氏县	11 992.42	—	—	—	128.18	—	—
赵县	2 019.29	—	—	—	11 380.31	—	—
正定县	7 364.69	—	—	1 980.58	35.33	1 35.30	—

11. 成土母质

利用耕地质量等级图对成土母质栅格数据进行区域统计得知，全市三级地成土母质分为冲积物和洪积冲积物。

利用行政区划图与耕地质量等级图叠加联合形成行政区划耕地质量等级综合图，对三级地成土母质数据进行区域统计，统计结果见表 4-63。

表 4-63　成土母质三级地行政区划分布　（hm^2）

县（市、区）	冲积物	洪积冲积物
高邑县	—	5 148.95
藁城区	471.06	4 370.24
行唐县	1 837.98	19 238.59
晋州市	1 541.32	24 760.97
灵寿县	189.77	4 864.00
鹿泉区	806.79	9 559.39
栾城区	—	4 676.89
深泽县	7 798.23	1.79
无极县	458.46	7 924.72
辛集市	16 849.35	420.44
新乐市	11 521.61	777.39
元氏县	—	12 120.60
赵县	—	13 399.60
正定县	3.78	9 512.12

12. 地形部位

利用耕地质量等级图对地形部位栅格数据进行区域统计得知，全市三级地地形部位分为河谷阶地、宽谷盆地、平原低阶、平原高阶、平原中阶、丘陵中部、丘陵下部和微斜平原。

利用行政区划图与耕地质量等级图叠加联合形成行政区划耕地质量等级综合图，对三级地地形部位数据进行区域统计，统计结果见表 4-64。

表 4-64　地形部位三级地行政区划分布　（hm^2）

县（市、区）	河谷阶地	宽谷盆地	平原低阶	平原高阶	平原中阶	丘陵下部	丘陵中部	微斜平原
高邑县	—	—	—	—	5 148.95	—	—	—
藁城区	—	—	—	3 761.95	1 079.36	—	—	—
行唐县	—	—	—	—	15 972.23	5 104.35	—	—
晋州市	—	—	—	1 571.91	24 730.38	—	—	—
灵寿县	283.67	—	—	—	—	687.93	—	4 082.17
鹿泉区	—	806.79	—	4 040.17	404.53	—	5 114.69	—
栾城区	—	—	—	392.52	4 284.37	—	—	—
深泽县	—	—	—	7 261.25	538.77	—	—	—
无极县	—	—	—	458.75	7 924.42	—	—	—
辛集市	—	—	606.08	6 007.45	10 656.25	—	—	—
新乐市	—	—	—	—	12 299.00	—	—	—
元氏县	—	—	—	745.97	10 009.52	—	1 365.10	—
赵县	—	—	—	44.65	13 354.95	—	—	—
正定县	—	3.78	—	35.33	9 476.80	—	—	—

四、四级地

（一）面积与分布

将耕地质量等级分布图与行政区划图进行叠加分析，从耕地质量等级行政区域分布数据库中按权属字段检索出各等级的记录，统计各级地在各县（市、区）的分布状况。全市四级地综合评价指数为0.781 1~0.869 0，耕地面积55 042.60hm²，占耕地总面积的9.59%。分析结果见表4-65。

表4-65　四级地行政区域分布

县（市、区）	面积（hm²）	占本级耕地比例（%）
高邑县	737.06	1.34
藁城区	480.23	0.87
行唐县	7 765.86	14.11
晋州市	4 861.09	8.83
鹿泉区	4 521.84	8.22
深泽县	1 545.72	2.81
无极县	338.80	0.62
辛集市	14 790.43	26.87
新乐市	2 249.94	4.09
元氏县	7 520.22	13.66
赵县	386.67	0.70
正定县	2 315.01	4.21
灵寿县	4 244.50	7.71
平山县	1 376.74	2.50
赞皇县	1 908.47	3.47

（二）主要属性分析

1. 土壤耕层厚度

利用耕地质量等级图对土壤耕层厚度栅格数据进行区域统计得知，全市四级地土壤耕层厚度平均为17.3cm，变化幅度在11~25cm。

利用行政区划图与耕地质量等级图叠加联合形成行政区划耕地质量等级综合图，对土壤耕层厚度栅格数据进行区域统计得知，四级地中，土壤耕层厚度（平均值）最高的县（市、区）是灵寿县，最低的县（市、区）是藁城区，统计结果见表4-66。

表 4-66　土壤耕层厚度四级地行政区划分布　(cm)

县（市、区）	最小值	最大值	平均值
高邑县	15	15	15.0
藁城区	13	18	14.0
行唐县	11	16	15.2
晋州市	17	19	17.1
灵寿县	15	25	21.4
鹿泉区	15	20	16.8
平山县	18	25	19.3
深泽县	18	19	19.0
无极县	15	19	17.2
辛集市	17	20	18.3
新乐市	12	18	14.8
元氏县	13	20	17.1
赞皇县	18	22	20.4
赵县	15	16	15.5
正定县	16	20	18.1

2. 障碍因素

利用耕地质量等级图对障碍因素栅格数据进行区域统计得知，全市四级地基本无明显障碍，只有部分耕地存在盐碱和障碍层次。

利用行政区划图与耕地质量等级图叠加联合形成行政区划耕地质量等级综合图，对土壤障碍因素栅格数据进行区域统计得知，四级地中，只有行唐县、深泽县和辛集市部分耕地存在障碍层次，辛集市部分耕地有盐碱，统计结果见表 4-67。

表 4-67　土壤障碍因素四级地行政区划分布　(hm^2)

县（市、区）	无	盐碱	障碍层次
高邑县	720.02	—	—
藁城区	467.02	—	—
行唐县	3 681.33	—	4 294.45
晋州市	4 699.88	—	—
灵寿县	4 357.99	—	—
鹿泉区	4 620.99	—	—
平山县	1 508.70	—	—
深泽县	1 461.87	—	31.83
无极县	330.54	—	—
辛集市	9 063.34	635.22	4 786.87
新乐市	2 198.19	—	—
元氏县	7 599.72	—	—
赞皇县	1 951.72	—	—
赵县	371.24	—	—
正定县	2 261.67	—	—

3. 灌溉能力

利用耕地质量等级图对灌溉能力栅格数据进行区域统计得知，全市四级地灌溉能力处于“不满足”“基本满足”“满足”和“充分满足”状态。

利用行政区划图与耕地质量等级图叠加联合形成行政区划耕地质量等级综合图，对灌溉能力栅格数据进行区域统计得知，四级地中，除高邑县、行唐县、鹿泉区、元氏县部分耕地处于“不满足”状态，其余耕地处于“基本满足”“满足”和“充分满足”状态，统计结果见表4-68。

表4-68　土壤灌溉能力四级地行政区划分布　(hm^2)

县（市、区）	不满足	基本满足	满足	充分满足
高邑县	398.47	—	321.55	—
藁城区	—	—	—	467.02
行唐县	1 174.46	—	6 361.13	440.19
晋州市	—	—	3 853.67	846.20
灵寿县	—	242.15	4 115.84	—
鹿泉区	33.55	—	1 062.46	3 524.99
平山县	—	1 113.07	395.63	—
深泽县	—	—	—	1 493.70
无极县	—	—	—	330.54
辛集市	—	—	6 457.85	8 027.58
新乐市	—	—	—	2 198.19
元氏县	4 456.22	3 143.50	—	—
赞皇县	—	1 951.72	—	—
赵县	—	371.24	—	—
正定县	—	—	—	2 261.67

4. 排水能力

利用耕地质量等级图对灌溉能力栅格数据进行区域统计得知，全市四级地排水能力处于“基本满足”“满足”和“充分满足”状态。

利用行政区划图与耕地质量等级图叠加联合形成行政区划耕地质量等级综合图，对排水能力栅格数据进行区域统计得知，四级地中，除晋州市、灵寿县、鹿泉区、平山县、辛集市部分耕地处于“基本满足”状态，其余耕地处于“满足”和“充分满足”状态，统计结果见表4-69。

表4-69　土壤排水能力四级地行政区划分布　(hm^2)

县（市、区）	基本满足	满足	充分满足
高邑县	—	720.02	—

（续表）

县（市、区）	基本满足	满足	充分满足
藁城区	—	—	467.02
行唐县	—	7 535.59	440.19
晋州市	3 853.67	846.20	—
灵寿县	158.09	4 199.91	—
鹿泉区	739.78	663.86	3 217.35
平山县	70.94	395.63	1 042.13
深泽县	—	375.99	1 117.71
无极县	—	7.01	323.53
辛集市	260.87	14 224.57	—
新乐市	—	—	2 198.19
元氏县	—	7 599.72	—
赞皇县	—	1 484.82	466.91
赵县	—	371.24	—
正定县	—	—	2 261.67

5. 有机质含量

利用耕地质量等级图对土壤有机质含量栅格数据进行区域统计得知，全市四级地土壤有机质含量平均为 19.89g/kg，变化幅度在 4.30~48.80g/kg。

利用行政区划图与耕地质量等级图叠加联合形成行政区划耕地质量等级综合图，对土壤有机质含量栅格数据进行区域统计得知，四级地中，土壤有机质含量（平均值）最高的县（市、区）是鹿泉区，最低的县（市、区）是深泽县，统计结果见表 4-70。

表 4-70　土壤有机质四级地行政区划分布　（g/kg）

县（市、区）	最小值	最大值	平均值
高邑县	13.60	28.60	22.77
藁城区	9.00	25.20	21.32
行唐县	9.00	36.60	18.53
晋州市	9.60	23.60	19.02
灵寿县	13.80	33.30	22.40
鹿泉区	16.70	38.90	29.61
平山县	14.20	33.30	19.89
深泽县	9.60	22.80	11.25
无极县	9.00	18.30	14.16
辛集市	11.10	25.00	17.00
新乐市	4.30	30.20	15.23
元氏县	7.70	48.80	23.72
赞皇县	18.20	33.30	22.90
赵县	21.60	24.40	23.00
正定县	5.70	29.60	17.62

6. 有效磷含量

利用耕地质量等级图对土壤有效磷含量栅格数据进行区域统计得知，全市四级地土壤有效磷含量平均为 27. 15mg/kg，变化幅度在 5. 30～111. 50mg/kg。

利用行政区划图与耕地质量等级图叠加联合形成行政区划耕地质量等级综合图，对土壤有效磷含量栅格数据进行区域统计得知，四级地中，土壤有效磷含量（平均值）最高的县（市、区）是灵寿县，最低的县（市、区）是赵县，统计结果见表 4-71。

表 4-71　土壤有效磷四级地行政区划分布　（mg/kg）

县（市、区）	最小值	最大值	平均值
高邑县	8. 00	34. 00	17. 26
藁城区	6. 00	16. 40	14. 04
行唐县	9. 50	40. 50	29. 00
晋州市	6. 50	44. 50	13. 16
灵寿县	19. 90	111. 50	54. 00
鹿泉区	5. 30	43. 60	12. 45
平山县	29. 20	70. 50	43. 08
深泽县	10. 50	29. 00	14. 21
无极县	9. 20	27. 00	18. 85
辛集市	5. 50	87. 50	26. 11
新乐市	9. 50	56. 60	18. 61
元氏县	6. 00	86. 00	38. 04
赞皇县	34. 30	98. 80	77. 84
赵县	6. 50	8. 00	7. 25
正定县	10. 80	56. 60	23. 32

7. 速效钾含量

利用耕地质量等级图对土壤速效钾含量栅格数据进行区域统计得知，全市四级地土壤速效钾含量平均为 121. 2mg/kg，变化幅度在 38～302mg/kg。

利用行政区划图与耕地质量等级图叠加联合形成行政区划耕地质量等级综合图，对土壤速效钾含量栅格数据进行区域统计得知，四级地中，土壤速效钾含量（平均值）最高的县（市、区）是赞皇县，最低的县（市、区）是新乐市，统计结果见表 4-72。

表 4-72　土壤速效钾四级地行政区划分布　（mg/kg）

县（市、区）	最小值	最大值	平均值
高邑县	108	171	144. 3

（续表）

县（市、区）	最小值	最大值	平均值
藁城区	75	127	115.9
行唐县	49	114	79.2
晋州市	40	141	94.2
灵寿县	38	248	135.3
鹿泉区	54	181	108.7
平山县	81	170	143.9
深泽县	95	219	104.2
无极县	73	110	94.1
辛集市	40	302	154.4
新乐市	49	115	62.1
元氏县	79	235	166.8
赞皇县	112	248	206.3
赵县	100	134	117.0
正定县	66	102	86.3

8. pH 值

利用耕地质量等级图对土壤 pH 值栅格数据进行区域统计得知，全市四级地土壤 pH 值平均为 7.9，变化幅度在 5.3~8.7。

利用行政区划图与耕地质量等级图叠加联合形成行政区划耕地质量等级综合图，对土壤 pH 值栅格数据进行区域统计得知，四级地中，土壤 pH 值（平均值）最高的县（市、区）是晋州市，最低的县（市、区）是赞皇县，统计结果见表 4-73。

表 4-73　土壤 pH 值四级地行政区划分布

县（市、区）	最小值	最大值	平均值
高邑县	8.0	8.2	8.2
藁城区	7.8	8.3	7.9
行唐县	6.9	8.2	7.6
晋州市	8.2	8.5	8.4
灵寿县	6.4	8.7	7.9
鹿泉区	7.8	8.3	8.1
平山县	7.3	8.3	7.9
深泽县	8.3	8.4	8.4
无极县	7.4	8.4	7.8
辛集市	7.8	8.7	8.4
新乐市	5.3	8.1	7.6
元氏县	7.6	8.3	8.1
赞皇县	6.5	7.5	7.3
赵县	7.7	8.3	8.0
正定县	5.3	8.3	7.5

9. 耕层质地

利用耕地质量等级图对土壤耕层质地栅格数据进行区域统计得知，全市四级地土壤耕层质地为砂土、砂壤、轻壤、中壤、重壤和黏土。

利用行政区划图与耕地质量等级图叠加联合形成行政区划耕地质量等级综合图，对四级地土壤耕层质地数据进行区域统计，统计结果见表 4-74。

表 4-74　土壤耕层质地四级地行政区划分布　(hm^2)

县（市、区）	黏土	轻壤	砂壤	砂土	中壤	重壤
高邑县	17.82	—	—	—	349.00	353.20
藁城区	—	200.42	266.60	—	—	—
行唐县	—	5 588.07	2 387.71	—	—	—
晋州市	—	4 692.06	0.73	7.08	—	—
灵寿县	—	4 212.13	47.75	—	98.11	—
鹿泉区	—	4 487.00	6.08	—	127.92	—
平山县	—	1 400.89	—	—	107.81	—
深泽县	—	834.29	659.40	—	—	—
无极县	—	88.49	242.05	—	—	—
辛集市	—	10 987.93	1 031.41	234.87	732.63	1 498.60
新乐市	—	1 449.45	677.90	70.84	—	—
元氏县	—	3 489.68	166.65	—	3 013.40	929.98
赞皇县	—	1 951.37	—	—	0.35	—
赵县	—	371.24	—	—	—	—
正定县	—	2 261.67	—	—	—	—

10. 质地构型

利用耕地质量等级图对土壤质地构型栅格数据进行区域统计得知，全市四级地土壤质地构型分为海绵型、夹层型、紧实型、上紧下松型、上松下紧型、松散型和通体壤。

利用行政区划图与耕地质量等级图叠加联合形成行政区划耕地质量等级综合图，对四级地土壤质地构型数据进行区域统计，统计结果见表 4-75。

表 4-75　土壤质地构型四级地行政区划分布　(hm^2)

县（市、区）	海绵型	夹层型	紧实型	上紧下松型	上松下紧型	松散型	通体壤
高邑县	—	—	—	—	720.02	—	—
藁城区	17.39	—	23.68	—	200.42	225.52	—
行唐县	3 241.14	—	272.49	2 374.13	1 920.31	167.70	—
晋州市	3 853.67	—	422.54	—	—	423.67	—
灵寿县	—	—	47.76	—	98.11	—	4 212.13

（续表）

县（市、区）	海绵型	夹层型	紧实型	上紧下松型	上松下紧型	松散型	通体壤
鹿泉区	3 943.29	—	—	662.54	15.16	—	—
平山县	—	—	—	—	107.81	—	1 400.89
深泽县	—	—	1 461.87	31.83	—	—	—
无极县	—	—	7.01	69.94	81.47	172.09	—
辛集市	260.87	161.94	1 210.04	1 963.78	544.59	10 344.22	—
新乐市	323.02	—	—	35.65	—	1.32	—
元氏县	7 599.72	—	—	—	—	—	—
赞皇县	—	—	—	—	0.35	—	1 951.37
赵县	371.24	—	—	—	—	—	—
正定县	855.44	—	—	663.96	—	742.27	—

11. 成土母质

利用耕地质量等级图对成土母质栅格数据进行区域统计得知，全市四级地成土母质分为残积物、冲积物、洪冲积物和洪积物。

利用行政区划图与耕地质量等级图叠加联合形成行政区划耕地质量等级综合图，对四级地成土母质数据进行区域统计，统计结果见表 4-76。

表 4-76　成土母质四级地行政区划分布　（hm^2）

县（市、区）	残积物	冲积物	洪积冲积物	洪积物
高邑县	—		720.02	—
藁城区	—	249.20	217.82	—
行唐县	—	542.40	7 310.61	122.76
晋州市	—	846.20	3 853.67	—
灵寿县	242.15	27.51	3 567.06	521.27
鹿泉区	—	662.54	3 943.29	15.16
平山县	70.94	—	371.14	1 066.62
深泽县	—	1 493.70	—	—
无极县	—	7.01	323.53	—
辛集市	—	14 224.57	260.87	—
新乐市	—	1 163.59	358.68	675.92
元氏县	—	—	7 599.72	—
赞皇县	466.91	—	1 484.82	—
赵县	—	—	371.24	—
正定县	—	83.60	2 178.07	—

12. 地形部位

利用耕地质量等级图对地形部位栅格数据进行区域统计得知，全市四级地地形部位分为河谷阶地、宽谷盆地、平原低阶、平原高阶、平原中阶、丘陵中部、丘陵下部和微斜平原。

利用行政区划图与耕地质量等级图叠加联合形成行政区划耕地质量等级综合图，对四级地地形部位数据进行区域统计，统计结果见表 4-77。

表 4-77　地形部位四级地行政区划分布　（hm^2）

县（市、区）	河谷阶地	宽谷盆地	平原低阶	平原高阶	平原中阶	丘陵下部	丘陵中部	微斜平原
高邑县	—	—	—	—	720.02	—	—	—
藁城区	—	—	—	200.42	266.60	—	—	—
行唐县	—	—	—	—	6 801.32	1 174.46	—	—
晋州市	—	—	—	423.27	4 276.61	—	—	—
灵寿县	242.15	—	160.29	—	—	2 324.82	—	—
鹿泉区	—	662.54	—	—	—	—	3 616.69	341.76
平山县	1 137.56	—	—	—	—	371.14	—	—
深泽县	—	—	31.83	1 461.87	—	—	—	—
无极县	—	—	—	88.49	242.05	—	—	—
辛集市	—	—	3 045.55	834.41	10 605.48	—	—	—
新乐市	—	—	—	—	2 198.19	—	—	—
元氏县	—	—	—	—	6 549.48	—	1 050.24	—
赞皇县	—	—	—	—	—	1 951.72	—	—
赵县	—	—	—	—	371.24	—	—	—
正定县	—	83.60	—	—	2 174.74	—	3.33	—

五、五级地

（一）面积与分布

将耕地质量等级分布图与行政区划图进行叠加分析，从耕地质量等级行政区域分布数据库中按权属字段检索出各等级的记录，统计各级地在各县（市、区）的分布状况。全市五级地综合评价指数为 0.744 3~0.834 9，耕地面积 32 247.14hm^2，占耕地总面积的 5.62%。分析结果见表 4-78。

表 4-78　五级地行政区域分布

县（市、区）	面积（hm^2）	占本级耕地比例（%）
藁城区	190.92	0.59
行唐县	4 864.04	15.08
晋州市	546.57	1.69
鹿泉区	2 158.92	6.69

（续表）

县（市、区）	面积（hm^2）	占本级耕地比例（%）
栾城区	41.83	0.13
辛集市	9 705.05	30.10
新乐市	527.21	1.63
元氏县	6 442.88	19.98
正定县	613.85	1.90
灵寿县	3 294.64	10.22
平山县	2 234.93	6.93
赞皇县	1 626.28	5.04

（二）主要属性分析

1. 土壤耕层厚度

利用耕地质量等级图对土壤耕层厚度栅格数据进行区域统计得知，全市五级地土壤耕层厚度平均为 16.9cm，变化幅度在 13~25cm。

利用行政区划图与耕地质量等级图叠加联合形成行政区划耕地质量等级综合图，对土壤耕层厚度栅格数据进行区域统计得知，五级地中，土壤耕层厚度（平均值）最高的县是灵寿县，最低的县是行唐县，统计结果见表 4-79。

表 4-79　土壤耕层厚度五级地行政区划分布　（cm）

县（市、区）	最小值	最大值	平均值
藁城区	15	15	15.0
行唐县	13	16	13.6
晋州市	17	19	17.1
灵寿县	20	25	20.3
鹿泉区	15	20	18.1
栾城区	13	13	13.0
平山县	15	20	17.9
辛集市	17	20	18.6
新乐市	13	18	15.1
元氏县	13	20	17.5
赞皇县	18	18	18.0
正定县	18	18	18.0

2. 障碍因素

利用耕地质量等级图对障碍因素栅格数据进行区域统计得知，全市五级地基本无明显障碍，只有部分耕地存在瘠薄、盐碱和障碍层次等障碍因素。

利用行政区划图与耕地质量等级图叠加联合形成行政区划耕地质量等级综合图，对土壤障碍因素栅格数据进行区域统计得知，五级地中，平山县部分耕地存在瘠薄、行唐县部分耕地存在障碍层次、辛集市部分耕地存在盐碱和障碍层次等障碍因素，统计结果见表 4-80。

表 4-80　土壤障碍因素五级地行政区划分布　(hm^2)

县（市、区）	无	瘠薄	盐碱	障碍层次
藁城区	183.76	—	—	—
行唐县	4 941.19	—	—	2.93
晋州市	523.01	—	—	—
灵寿县	3 347.93	—	—	—
鹿泉区	2 183.56	—	—	—
栾城区	40.35	—	—	—
平山县	2 068.21	355.73	—	—
辛集市	2 438.30	—	4 652.00	2 316.81
新乐市	509.79	—	—	—
元氏县	6 444.00	—	—	—
赞皇县	1 646.02	—	—	—
正定县	593.54	—	—	—

3. 灌溉能力

利用耕地质量等级图对灌溉能力栅格数据进行区域统计得知，全市五级地灌溉能力处于“不满足”“基本满足”“满足”和“充分满足”状态。

利用行政区划图与耕地质量等级图叠加联合形成行政区划耕地质量等级综合图，对灌溉能力栅格数据进行区域统计得知，五级地中，除行唐县、元氏县部分耕地处于“不满足”状态，其余耕地处于“基本满足”“满足”和“充分满足”状态，统计结果见表 4-81。

表 4-81　土壤灌溉能力五级地行政区划分布　(hm^2)

县（市、区）	不满足	基本满足	满足	充分满足
藁城区	—	—	—	183.76
行唐县	4 941.19	—	2.93	—
晋州市	—	—	491.76	31.24
灵寿县	—	341.59	3 006.34	—
鹿泉区	—	25.47	2 158.09	—
栾城区	—	40.35	—	—
平山县	—	1 304.48	1 119.45	—

（续表）

县（市、区）	不满足	基本满足	满足	充分满足
辛集市	—	—	8 128.13	1 278.98
新乐市	—	—	—	509.79
元氏县	5 827.09	610.21	6.70	—
赞皇县	—	1 646.02	—	—
正定县	—	—	—	593.54

4. 排水能力

利用耕地质量等级图对灌溉能力栅格数据进行区域统计得知，全市五级地排水能力处于“基本满足”“满足”和“充分满足”状态。

利用行政区划图与耕地质量等级图叠加联合形成行政区划耕地质量等级综合图，对排水能力栅格数据进行区域统计得知，五级地中，除晋州市和辛集市部分耕地处于“基本满足”状态，其余耕地处于“满足”和“充分满足”状态，统计结果见表4-82。

表4-82　土壤排水能力五级地行政区划分布　（hm^2）

县（市、区）	基本满足	满足	充分满足
藁城区	—	—	183.76
行唐县	—	4 944.12	—
晋州市	491.76	31.24	—
灵寿县	—	3 347.93	—
鹿泉区	—	887.65	1 295.91
栾城区	—	40.35	—
平山县	—	984.67	1 439.26
辛集市	22.85	9 384.27	—
新乐市	—	—	509.79
元氏县	—	6 444.00	—
赞皇县	—	1 646.02	—
正定县	—	—	593.54

5. 有机质含量

利用耕地质量等级图对土壤有机质含量栅格数据进行区域统计得知，全市五级地土壤有机质含量平均为14.42g/kg，变化幅度在4.30~33.20g/kg。

利用行政区划图与耕地质量等级图叠加联合形成行政区划耕地质量等级综合图，对土壤有机质含量栅格数据进行区域统计得知，五级地中，土壤有机质含量（平均值）最高的县（市、区）是鹿泉区，最低的县（市、区）是藁城区，统计结果见表4-83。

表 4-83　土壤有机质五级地行政区划分布　(g/kg)

县（市、区）	最小值	最大值	平均值
藁城区	4.50	4.50	4.50
行唐县	19.30	25.20	22.73
晋州市	8.10	9.60	8.21
灵寿县	16.30	31.80	21.02
鹿泉区	22.20	33.20	26.08
栾城区	9.10	9.10	9.10
平山县	14.70	24.20	17.89
辛集市	7.70	22.80	17.88
新乐市	4.30	5.70	4.88
元氏县	9.10	32.10	19.71
赞皇县	14.20	15.90	15.39
正定县	5.60	5.60	5.60

6. 有效磷含量

利用耕地质量等级图对土壤有效磷含量栅格数据进行区域统计得知，全市五级地土壤有效磷含量平均为25.15mg/kg，变化幅度在3.00~110.30mg/kg。

利用行政区划图与耕地质量等级图叠加联合形成行政区划耕地质量等级综合图，对土壤有效磷含量栅格数据进行区域统计得知，五级地中，土壤有效磷含量（平均值）最高的县是平山县，最低的县是正定县，统计结果见表4-84。

表 4-84　土壤有效磷五级地行政区划分布　(mg/kg)

县（市、区）	最小值	最大值	平均值
藁城区	17.50	17.50	17.50
行唐县	18.20	31.20	27.05
晋州市	11.00	11.00	11.00
灵寿县	8.30	110.30	36.45
鹿泉区	5.30	56.40	12.86
栾城区	18.50	18.50	18.50
平山县	21.70	76.00	49.07
辛集市	3.00	87.50	27.50
新乐市	23.00	56.60	37.00
元氏县	6.50	30.40	12.19
赞皇县	35.10	63.70	42.62
正定县	10.10	10.10	10.10

7. 速效钾含量

利用耕地质量等级图对土壤速效钾含量栅格数据进行区域统计得知，全市五级地土壤速效钾含量平均为 90.3mg/kg，变化幅度在 31~248mg/kg。

利用行政区划图与耕地质量等级图叠加联合形成行政区划耕地质量等级综合图，对土壤速效钾含量栅格数据进行区域统计得知，五级地中，土壤速效钾含量（平均值）最高的县（市、区）是辛集市，最低的县（市、区）是藁城区，统计结果见表 4-85。

表 4-85 土壤速效钾五级地行政区划分布 （mg/kg）

县（市、区）	最小值	最大值	平均值
藁城区	31	31	31.0
行唐县	57	104	86.2
晋州市	67	98	69.3
灵寿县	50	248	100.2
鹿泉区	72	110	92.9
栾城区	83	83	83.0
平山县	72	195	115.8
辛集市	74	219	121.2
新乐市	71	75	73.4
元氏县	81	152	115.2
赞皇县	113	146	120.1
正定县	78	78	78.3

8. pH 值

利用耕地质量等级图对土壤 pH 值栅格数据进行区域统计得知，全市五级地土壤 pH 值平均为 7.8，变化幅度在 5.3~8.7。

利用行政区划图与耕地质量等级图叠加联合形成行政区划耕地质量等级综合图，对土壤 pH 值栅格数据进行区域统计得知，五级地中，土壤 pH 值（平均值）最高的县（市、区）是晋州市，最低的县（市、区）是藁城区，统计结果见表 4-86。

表 4-86 土壤 pH 值五级地行政区划分布

县（市、区）	最小值	最大值	平均值
藁城区	6.3	6.3	6.3
行唐县	7.7	8.1	8.0
晋州市	8.4	8.6	8.6
灵寿县	5.6	8.4	7.7
鹿泉区	7.9	8.1	8.0
栾城区	8.3	8.3	8.3
平山县	6.4	8.1	7.8

（续表）

县（市、区）	最小值	最大值	平均值
辛集市	7.8	8.7	8.2
新乐市	5.3	7.6	6.6
元氏县	7.9	8.4	8.2
赞皇县	6.4	7.3	7.2
正定县	8.4	8.4	8.4

9. 耕层质地

利用耕地质量等级图对土壤耕层质地栅格数据进行区域统计得知，全市五级地土壤耕层质地为砂土、砂壤、轻壤、中壤和重壤。

利用行政区划图与耕地质量等级图叠加联合形成行政区划耕地质量等级综合图，对五级地土壤耕层质地数据进行区域统计，统计结果见表 4-87。

表 4-87　土壤耕层质地五级地行政区划分布 （hm^2）

县（市、区）	轻壤	砂壤	砂土	中壤	重壤
藁城区	183.76	—	—	—	—
行唐县	4 941.19	2.93	—	—	—
晋州市	491.76	—	31.24	—	—
灵寿县	3 296.70	51.23	—	—	—
鹿泉区	2 116.80	—	—	66.76	—
栾城区	40.35	—	—	—	—
平山县	2 423.93	—	—	—	—
辛集市	5 048.80	1 097.91	189.30	482.99	2 588.12
新乐市	—	509.79	—	—	—
元氏县	4 300.57	17.21	—	974.46	1 151.77
赞皇县	1 646.02	—	—	—	—
正定县	593.54	—	—	—	—

10. 质地构型

利用耕地质量等级图对土壤质地构型栅格数据进行区域统计得知，全市五级地土壤质地构型分为海绵型、夹层型、紧实型、上紧下松型、上松下紧型、松散型和通体壤。

利用行政区划图与耕地质量等级图叠加联合形成行政区划耕地质量等级综合图，对五级地土壤质地构型数据进行区域统计，统计结果见表 4-88。

表 4-88　土壤质地构型五级地行政区划分布　(hm²)

县（市、区）	海绵型	夹层型	紧实型	上紧下松型	上松下紧型	松散型	通体壤
藁城区	—	—	—	—	183.76	—	—
行唐县	3 404.86	1 536.33	—	2.93	—	—	—
晋州市	491.76	—	31.24	—	—	—	—
灵寿县	—	—	51.23	—	—	—	3 296.70
鹿泉区	1 749.05	—	—	—	434.51	—	—
栾城区	40.35	—	—	—	—	—	—
平山县	—	—	—	—	—	—	2 423.93
辛集市	22.85	395.06	—	184.73	—	8 804.47	—
新乐市	16.25	—	493.54	—	—	—	—
元氏县	6 437.30	—	—	—	—	6.70	—
赞皇县	—	—	—	—	—	—	1 646.02
正定县	593.54	—	—	—	—	—	—

11. 成土母质

利用耕地质量等级图对成土母质栅格数据进行区域统计得知，全市五级地成土母质分为残积物、冲积物、洪积冲积物和洪积物。

利用行政区划图与耕地质量等级图叠加联合形成行政区划耕地质量等级综合图，对五级地成土母质数据进行区域统计，统计结果见表 4-89。

表 4-89　成土母质五级地行政区划分布　(hm²)

县（市、区）	残积物	冲积物	洪积冲积物	洪积物
藁城区	—	—	183.76	—
行唐县	—	2.93	3 404.86	1 536.33
晋州市	—	31.24	491.76	—
灵寿县	314.48	—	2 933.08	100.37
鹿泉区	—	—	1 749.05	434.51
栾城区	—	—	40.35	—
平山县	102.00	—	—	2 321.94
辛集市	—	9 384.27	22.85	—
新乐市	—	493.54	16.25	—
元氏县	6.70	—	6 437.30	—
赞皇县	—	—	1 646.02	—
正定县	—	—	593.54	—

12. 地形部位

利用耕地质量等级图对地形部位栅格数据进行区域统计得知，全市五级地地形部位分为河谷阶地、宽谷盆地、平原低阶、平原高阶、平原中阶、丘陵中部、丘陵下部和微斜平原。

利用行政区划图与耕地质量等级图叠加联合形成行政区划耕地质量等级综合图，对五级地地形部位数据进行区域统计，统计结果见表 4-90。

表 4-90　地形部位五级地行政区划分布　（hm^2）

县（市、区）	河谷阶地	宽谷盆地	平原低阶	平原高阶	平原中阶	丘陵下部	丘陵中部	微斜平原
藁城区	—	—	183.76	—	—	—	—	—
行唐县	—	—	—	1 366.03	3 578.10	—	—	—
晋州市	—	—	31.24	491.76	—	—	—	—
灵寿县	1 072.32	428.13	—	—	330.78	350.26	—	1 166.43
鹿泉区	—	—	—	—	—	370.30	1 813.27	—
栾城区	—	—	—	40.35	—	—	—	—
平山县	2 168.60	—	—	—	236.78	—	—	18.56
辛集市	—	1 164.12	3 152.50	5 090.50	—	—	—	—
新乐市	—	—	—	509.79	—	—	—	—
元氏县	—	—	—	6 437.30	—	6.70	—	—
赞皇县	—	—	—	—	1 646.02	—	—	—
正定县	—	—	—	593.54	—	—	—	—

六、六级地

（一）面积与分布

将耕地质量等级分布图与行政区划图进行叠加分析，从耕地质量等级行政区域分布数据库中按权属字段检索出各等级的记录，统计各级地在各县（市、区）的分布状况。全市六级地综合评价指数为 0.724 3～0.761 7，耕地面积 21 509.30hm^2，占耕地总面积的 3.75%。分析结果见表 4-91。

表 4-91　六级地行政区域分布

县（市、区）	面积（hm^2）	占本级耕地比例（%）
行唐县	2 921.20	13.58
晋州市	493.58	2.29

（续表）

县（市、区）	面积（hm^2）	占本级耕地比例（%）
鹿泉区	1 647. 56	7. 66
辛集市	1 371. 78	6. 38
新乐市	699. 23	3. 25
元氏县	2 742. 15	12. 75
井陉县	1 431. 27	6. 65
灵寿县	2 837. 45	13. 19
平山县	5 445. 04	25. 31
赞皇县	1 920. 04	8. 93

（二）主要属性分析

1. 土壤耕层厚度

利用耕地质量等级图对土壤耕层厚度栅格数据进行区域统计得知，全市六级地土壤耕层厚度平均为 17. 4cm，变化幅度在 13~25cm。

利用行政区划图与耕地质量等级图叠加联合形成行政区划耕地质量等级综合图，对土壤耕层厚度栅格数据进行区域统计得知，六级地中，土壤耕层厚度（平均值）最高的县是赞皇县，最低的县是行唐县、新乐市，统计结果见表 4-92。

表 4-92　土壤耕层厚度六级地行政区划分布　（cm）

县（市、区）	最小值	最大值	平均值
行唐县	13	13	13. 0
晋州市	17	17	17. 0
井陉县	20	20	20. 0
灵寿县	17	25	20. 1
鹿泉区	15	20	16. 7
平山县	15	20	17. 7
辛集市	17	20	18. 4
新乐市	13	13	13. 0
元氏县	14	21	18. 0
赞皇县	18	22	20. 4

2. 障碍因素

利用耕地质量等级图对障碍因素栅格数据进行区域统计得知，全市六级地基本无明显障碍，只有部分耕地存在瘠薄、盐碱和障碍层次等障碍因素。

利用行政区划图与耕地质量等级图叠加联合形成行政区划耕地质量等级综合图，对

土壤障碍因素栅格数据进行区域统计得知，六级地中，行唐县部分耕地存在障碍层次，平山县、辛集市部分耕地存在瘠薄、盐碱和障碍层次等障碍因素，统计结果见表 4-93。

表 4-93　土壤障碍因素六级地行政区划分布　（hm^2）

县（市、区）	无	瘠薄	盐碱	障碍层次
行唐县	1 495. 53	—	—	1 376. 24
晋州市	456. 79	—	—	—
井陉县	1 596. 87	—	—	—
灵寿县	2 788. 65	—	—	—
鹿泉区	1 611. 64	—	—	—
平山县	5 338. 53	165. 25	—	207. 80
辛集市	—	30. 23	740. 25	515. 52
新乐市	653. 92	—	—	—
元氏县	2 652. 55	—	—	—
赞皇县	1 879. 53	—	—	—

3. 灌溉能力

利用耕地质量等级图对灌溉能力栅格数据进行区域统计得知，全市六级地灌溉能力处于“不满足”“基本满足”“满足”和“充分满足”状态。

利用行政区划图与耕地质量等级图叠加联合形成行政区划耕地质量等级综合图，对灌溉能力栅格数据进行区域统计得知，六级地中，除行唐县、鹿泉区、平山县、元氏县部分耕地处于“不满足”状态，其余耕地处于“基本满足”“满足”和“充分满足”状态，统计结果见表 4-94。

表 4-94　土壤灌溉能力六级地行政区划分布　（hm^2）

县（市、区）	不满足	基本满足	满足	充分满足
行唐县	2 003. 14	—	868. 63	—
晋州市	—	—	—	456. 79
井陉县	—	—	—	1 596. 87
灵寿县	—	—	526. 87	2 261. 78
鹿泉区	6. 40	—	939. 33	665. 91
平山县	1. 42	—	1 568. 40	4 141. 76
辛集市	—	50. 50	—	1 235. 50
新乐市	—	653. 92	—	—
元氏县	2 652. 55	—	—	—
赞皇县	—	—	1 879. 53	—

4. 排水能力

利用耕地质量等级图对灌溉能力栅格数据进行区域统计得知，全市六级地排水能力处于“基本满足”“满足”和“充分满足”状态。

利用行政区划图与耕地质量等级图叠加联合形成行政区划耕地质量等级综合图，对排水能力栅格数据进行区域统计得知，六级地中，除晋州市、灵寿县部分耕地处于“基本满足”状态，其余耕地处于“满足”和“充分满足”状态，统计结果见表4-95。

表4-95　土壤排水能力六级地行政区划分布　(hm^2)

县（市、区）	基本满足	满足	充分满足
行唐县	—	2 871.77	—
晋州市	456.79	—	—
井陉县	—	1 596.87	—
灵寿县	26.15	2 762.50	—
鹿泉区	—	1 611.64	—
平山县	—	4 900.04	811.54
辛集市	—	1 286.00	—
新乐市	—	—	653.92
元氏县	—	2 652.55	—
赞皇县	—	1 856.12	23.41

5. 有机质含量

利用耕地质量等级图对土壤有机质含量栅格数据进行区域统计得知，全市六级地土壤有机质含量平均为16.87g/kg，变化幅度在4.30~32.90g/kg。

利用行政区划图与耕地质量等级图叠加联合形成行政区划耕地质量等级综合图，对土壤有机质含量栅格数据进行区域统计得知，六级地中，土壤有机质含量（平均值）最高的县（市、区）是鹿泉区，最低的县（市、区）是新乐市，统计结果见表4-96。

表4-96　土壤有机质六级地行政区划分布　(g/kg)

县（市、区）	最小值	最大值	平均值
行唐县	15.50	22.80	20.12
晋州市	6.30	6.30	6.30
井陉县	21.90	28.80	24.95
灵寿县	11.40	32.90	19.41
鹿泉区	11.50	30.80	27.67
平山县	13.80	26.10	18.10
辛集市	10.20	21.90	16.72
新乐市	4.30	4.30	4.30
元氏县	11.30	26.90	14.29
赞皇县	11.70	22.00	16.81

6. 有效磷含量

利用耕地质量等级图对土壤有效磷含量栅格数据进行区域统计得知，全市六级地土壤有效磷含量平均为 24.61mg/kg，变化幅度在 5.00~111.50mg/kg。

利用行政区划图与耕地质量等级图叠加联合形成行政区划耕地质量等级综合图，对土壤有效磷含量栅格数据进行区域统计得知，六级地中，土壤有效磷含量（平均值）最高的县是井陉县，最低的县（市、区）是鹿泉区，统计结果见表 4-97。

表 4-97　土壤有效磷六级地行政区划分布　(mg/kg)

县（市、区）	最小值	最大值	平均值
行唐县	17.00	60.90	34.25
晋州市	27.40	27.40	27.40
井陉县	35.00	44.40	38.79
灵寿县	6.30	96.00	37.89
鹿泉区	5.70	19.00	8.62
平山县	16.10	111.50	25.22
辛集市	6.00	27.50	12.52
新乐市	23.00	23.00	23.00
元氏县	5.00	21.00	10.32
赞皇县	20.90	79.10	28.04

7. 速效钾含量

利用耕地质量等级图对土壤速效钾含量栅格数据进行区域统计得知，全市六级地土壤速效钾含量平均为 106.9mg/kg，变化幅度在 47~248mg/kg。

利用行政区划图与耕地质量等级图叠加联合形成行政区划耕地质量等级综合图，对土壤速效钾含量栅格数据进行区域统计得知，六级地中，土壤速效钾含量（平均值）最高的县是元氏县，最低的县（市、区）是晋州市，统计结果见表 4-98。

表 4-98　土壤速效钾六级地行政区划分布　(mg/kg)

县（市、区）	最小值	最大值	平均值
行唐县	83	94	89.6
晋州市	64	64	64.0
井陉县	110	140	128.0
灵寿县	47	248	113.0
鹿泉区	66	153	108.4
平山县	70	225	119.1
辛集市	93	187	130.6
新乐市	71	71	71.0
元氏县	91	155	131.5
赞皇县	56	150	113.7

8. pH 值

利用耕地质量等级图对土壤 pH 值栅格数据进行区域统计得知，全市六级地土壤 pH 值平均为 8.1，变化幅度在 6.5~8.7。

利用行政区划图与耕地质量等级图叠加联合形成行政区划耕地质量等级综合图，对土壤 pH 值栅格数据进行区域统计得知，六级地中，土壤 pH 值（平均值）最高的县（市、区）是晋州市，最低的县（市、区）是新乐市，统计结果见表 4-99。

表 4-99　土壤 pH 值六级地行政区划分布

县（市、区）	最小值	最大值	平均值
行唐县	7.4	8.2	7.9
晋州市	8.6	8.6	8.6
井陉县	8.0	8.1	8.1
灵寿县	6.5	8.5	8.1
鹿泉区	8.0	8.1	8.0
平山县	7.7	8.2	8.0
辛集市	8.1	8.7	8.4
新乐市	7.6	7.6	7.6
元氏县	8.1	8.4	8.3
赞皇县	7.2	7.8	7.7

9. 耕层质地

利用耕地质量等级图对土壤耕层质地栅格数据进行区域统计得知，全市六级地土壤耕层质地为砂土、砂壤、轻壤、中壤和重壤。

利用行政区划图与耕地质量等级图叠加联合形成行政区划耕地质量等级综合图，对六级地土壤耕层质地数据进行区域统计，统计结果见表 4-100。

表 4-100　土壤耕层质地六级地行政区划分布　　(hm^2)

县（市、区）	轻壤	砂壤	砂土	中壤	重壤
行唐县	2 871.77	—	—	—	—
晋州市	456.79	—	—	—	—
井陉县	1 596.87	—	—	—	—
灵寿县	2 396.19	386.57	5.90	—	—
鹿泉区	1 610.35	—	—	1.29	—
平山县	5 548.11	—	—	163.47	—
辛集市	336.78	551.20	118.92	30.23	248.87
新乐市	—	—	653.92	—	—
元氏县	1 752.15	5.47	—	894.93	—
赞皇县	1 727.43	—	—	152.10	—

10. 质地构型

利用耕地质量等级图对土壤质地构型栅格数据进行区域统计得知，全市六级地土壤质地构型分为海绵型、夹层型、紧实型、上紧下松型、上松下紧型、松散型和通体壤。

利用行政区划图与耕地质量等级图叠加联合形成行政区划耕地质量等级综合图，对六级地土壤质地构型数据进行区域统计，统计结果见表 4-101。

表 4-101　土壤质地构型六级地行政区划分布　（hm^2）

县（市、区）	海绵型	夹层型	紧实型	上紧下松型	上松下紧型	松散型	通体壤
行唐县	1 495.53	1 142.63	—	233.61	—	—	—
晋州市	—	—	—	—	—	456.79	—
井陉县	—	—	—	—	1 596.87	—	—
灵寿县	—	—	386.57	—	—	5.90	2 396.19
鹿泉区	1 611.64	—	—	—	—	—	—
平山县	—	—	—	—	163.47	—	5 548.11
辛集市	—	—	—	—	—	1 286.00	—
新乐市	—	—	653.92	—	—	—	—
元氏县	2 652.55	—	—	—	—	—	—
赞皇县	—	—	—	—	152.10	—	1 727.43

11. 成土母质

利用耕地质量等级图对成土母质栅格数据进行区域统计得知，全市六级地成土母质分为残积物、冲积物、洪积冲积物、洪积物和坡积物。

利用行政区划图与耕地质量等级图叠加联合形成行政区划耕地质量等级综合图，对六级地成土母质数据进行区域统计，统计结果见表 4-102。

表 4-102　成土母质六级地行政区划分布　（hm^2）

县（市、区）	残积物	冲积物	洪积冲积物	洪积物	坡积物
行唐县	—	1 094.12	1 777.65	—	—
晋州市	—	—	456.79	—	—
井陉县	—	—	—	1 596.87	177.34
灵寿县	—	—	2 268.80	342.51	—
鹿泉区	—	—	1 364.49	247.14	—
平山县	—	231.34	0.07	5 480.17	—
辛集市	—	1 286.00	—	—	—
新乐市	—	653.92	—	—	—
元氏县	—	—	2 652.55	—	—
赞皇县	23.41	—	517.00	1 339.12	—

12. 地形部位

利用耕地质量等级图对地形部位栅格数据进行区域统计得知，全市六级地地形部位分为河谷阶地、平原低阶、平原高阶、平原中阶、丘陵中部、丘陵下部、山地坡中和微斜平原。

利用行政区划图与耕地质量等级图叠加联合形成行政区划耕地质量等级综合图，对六级地地形部位数据进行区域统计，统计结果见表 4-103。

表 4-103　地形部位六级地行政区划分布　　　　　　　　（hm^2）

县（市、区）	河谷阶地	平原低阶	平原高阶	平原中阶	丘陵下部	丘陵中部	山地坡中	微斜平原
行唐县	—	—	—	—	1 142.63	—	1 729.14	—
晋州市	—	—	—	456.79	—	—	—	—
井陉县	—	—	—	—	—	1 596.87	—	—
灵寿县	521.66	357.64	—	—	576.25	319.85	—	1 013.25
鹿泉区	—	—	—	—	—	6.40	1 605.24	—
平山县	3 406.16	—	—	—	578.58	—	—	1 726.84
辛集市	—	—	630.73	655.26	—	—	—	—
新乐市	—	—	—	653.92	—	—	—	—
元氏县	—	—	—	782.36	—	1 870.19	—	—
赞皇县	1 339.12	—	—	—	540.40	—	—	—

七、七级地

（一）面积与分布

将耕地质量等级分布图与行政区划图进行叠加分析，从耕地质量等级行政区域分布数据库中按权属字段检索出各等级的记录，统计各级地在各县（市、区）的分布状况。全市七级地综合评价指数为 0.664 9~0.737 3，耕地面积 149 396 559.6m^2，占耕地总面积的 2.60%。分析结果见表 4-104。

表 4-104　七级地行政区域分布

县（市、区）	面积（hm^2）	占本级耕地比例（%）
行唐县	2 492.37	16.68
晋州市	441.87	2.96
鹿泉区	243.40	1.63
辛集市	2 429.24	16.26
元氏县	1 114.53	7.46
灵寿县	2 219.93	14.86

（续表）

县（市、区）	面积（hm^2）	占本级耕地比例（%）
平山县	4 489. 11	30. 05
赞皇县	1 509. 19	10. 10

（二）主要属性分析

1. 土壤耕层厚度

利用耕地质量等级图对土壤耕层厚度栅格数据进行区域统计得知，全市七级地土壤耕层厚度平均为 17. 8cm，变化幅度在 13~25cm。

利用行政区划图与耕地质量等级图叠加联合形成行政区划耕地质量等级综合图，对土壤耕层厚度栅格数据进行区域统计得知，七级地中，土壤耕层厚度（平均值）最高的县是灵寿县，最低的县是行唐县，统计结果见表 4-105。

表 4-105　土壤耕层厚度七级地行政区划分布　（cm）

县（市、区）	最小值	最大值	平均值
行唐县	13	13	13. 0
晋州市	17	18	17. 1
灵寿县	20	25	21. 2
鹿泉区	20	20	20. 0
平山县	15	20	17. 3
辛集市	18	20	19. 1
元氏县	16	19	17. 2
赞皇县	18	18	18. 0

2. 障碍因素

利用耕地质量等级图对障碍因素栅格数据进行区域统计得知，全市七级地基本无明显障碍，只有部分耕地存在瘠薄、障碍层次等障碍因素。

利用行政区划图与耕地质量等级图叠加联合形成行政区划耕地质量等级综合图，对土壤障碍因素栅格数据进行区域统计得知，七级地中，行唐县、平山县部分耕地存在障碍层次，晋州市、辛集市部分耕地存在瘠薄等障碍因素，统计结果见表 4-106。

表 4-106　土壤障碍因素七级地行政区划分布　（hm^2）

县（市、区）	无	瘠薄	障碍层次
行唐县	685. 65	—	1 784. 23
晋州市	368. 70	43. 52	—

（续表）

县（市、区）	无	瘠薄	障碍层次
灵寿县	2 199. 27	—	—
鹿泉区	240. 00	—	—
平山县	4 691. 15	—	55. 52
辛集市	1 325. 70	969. 93	—
元氏县	1 086. 77	—	—
赞皇县	1 489. 21	—	—

3. 灌溉能力

利用耕地质量等级图对灌溉能力栅格数据进行区域统计得知，全市七级地灌溉能力处于“不满足”“基本满足”“满足”和“充分满足”状态。

利用行政区划图与耕地质量等级图叠加联合形成行政区划耕地质量等级综合图，对灌溉能力栅格数据进行区域统计得知，七级地中，除行唐县、平山县、元氏县部分耕地处于“不满足”状态，其余耕地处于“基本满足”“满足”和“充分满足”状态，统计结果见表 4-107。

表 4-107　土壤灌溉能力七级地行政区划分布　（hm^2）

县（市、区）	不满足	基本满足	满足	充分满足
行唐县	1 681. 92	787. 95	—	—
晋州市	—	—	412. 22	—
灵寿县	—	436. 25	1 763. 02	—
鹿泉区	—	240. 00	—	—
平山县	17. 46	2 840. 17	1 889. 05	—
辛集市	—	—	1 934. 10	361. 53
元氏县	1 086. 77	—	—	—
赞皇县	—	1 489. 21	—	—

4. 排水能力

利用耕地质量等级图对灌溉能力栅格数据进行区域统计得知，全市七级地排水能力处于“基本满足”“满足”和“充分满足”状态。

利用行政区划图与耕地质量等级图叠加联合形成行政区划耕地质量等级综合图，对排水能力栅格数据进行区域统计得知，七级地中，除晋州市大部分耕地处于“基本满足”状态，其余耕地处于“满足”和“充分满足”状态，统计结果见表 4-108。

表 4-108　土壤排水能力七级地行政区划分布　（hm^2）

县（市、区）	基本满足	满足	充分满足
行唐县	—	2 469. 88	—
晋州市	368. 70	43. 52	—
灵寿县	—	2 199. 27	—
鹿泉区	—	240. 00	—
平山县	—	1 767. 23	2 979. 44
辛集市	—	2 295. 62	—
元氏县	—	1 086. 77	—
赞皇县	—	1 489. 21	—

5. 有机质含量

利用耕地质量等级图对土壤有机质含量栅格数据进行区域统计得知，全市七级地土壤有机质含量平均为 17. 00g/kg，变化幅度在 5. 00~32. 70g/kg。

利用行政区划图与耕地质量等级图叠加联合形成行政区划耕地质量等级综合图，对土壤有机质含量栅格数据进行区域统计得知，七级地中，土壤有机质含量（平均值）最高的县（市、区）是平山县，最低的县（市、区）是晋州市，统计结果见表 4-109。

表 4-109　土壤有机质七级地行政区划分布　（g/kg）

县（市、区）	最小值	最大值	平均值
行唐县	15. 80	22. 80	18. 16
晋州市	6. 30	10. 20	7. 39
灵寿县	5. 00	24. 70	19. 74
鹿泉区	20. 00	20. 00	20. 00
平山县	13. 00	32. 70	23. 45
辛集市	5. 00	20. 20	16. 45
元氏县	11. 30	15. 40	14. 40
赞皇县	13. 90	21. 60	16. 39

6. 有效磷含量

利用耕地质量等级图对土壤有效磷含量栅格数据进行区域统计得知，全市七级地土壤有效磷含量平均为 19. 39mg/kg，变化幅度在 2. 50~111. 50mg/kg。

利用行政区划图与耕地质量等级图叠加联合形成行政区划耕地质量等级综合图，对

土壤有效磷含量栅格数据进行区域统计得知，七级地中，土壤有效磷含量（平均值）最高的县是灵寿县，最低的县元氏县，统计结果见表 4-110。

表 4-110　土壤有效磷七级地行政区划分布　（mg/kg）

县（市、区）	最小值	最大值	平均值
行唐县	9.00	60.90	14.41
晋州市	12.00	27.40	23.09
灵寿县	7.80	111.50	31.94
鹿泉区	23.00	23.00	23.00
平山县	14.30	111.50	22.99
辛集市	2.50	14.00	12.94
元氏县	3.00	5.00	3.49
赞皇县	16.60	28.40	23.24

7. 速效钾含量

利用耕地质量等级图对土壤速效钾含量栅格数据进行区域统计得知，全市七级地土壤速效钾含量平均为 107.1mg/kg，变化幅度在 60~243mg/kg。

利用行政区划图与耕地质量等级图叠加联合形成行政区划耕地质量等级综合图，对土壤速效钾含量栅格数据进行区域统计得知，七级地中，土壤速效钾含量（平均值）最高的县（市、区）是赞皇县，最低的县（市、区）是晋州市，统计结果见表 4-111。

表 4-111　土壤速效钾七级地行政区划分布　（mg/kg）

县（市、区）	最小值	最大值	平均值
行唐县	82	99	86.9
晋州市	64	93	72.1
灵寿县	60	243	109.2
鹿泉区	100	100	100.0
平山县	69	178	107.9
辛集市	93	122	111.9
元氏县	91	135	124.3
赞皇县	84	150	144.5

8. pH 值

利用耕地质量等级图对土壤 pH 值栅格数据进行区域统计得知，全市七级地土壤 pH 值平均为 8.1，变化幅度在 6.4~8.6。

利用行政区划图与耕地质量等级图叠加联合形成行政区划耕地质量等级综合图，对

土壤 pH 值栅格数据进行区域统计得知，七级地中，土壤 pH 值（平均值）最高的县（市、区）是晋州市，最低的县（市、区）是赞皇县，统计结果见表 4-112。

表 4-112 土壤 pH 值七级地行政区划分布

县（市、区）	最小值	最大值	平均值
行唐县	7.4	8.2	8.2
晋州市	8.4	8.6	8.6
灵寿县	6.4	8.3	7.9
鹿泉区	8.3	8.3	8.3
平山县	6.5	8.2	7.9
辛集市	8.1	8.4	8.2
元氏县	8.1	8.3	8.2
赞皇县	7.2	7.7	7.5

9. 耕层质地

利用耕地质量等级图对土壤耕层质地栅格数据进行区域统计得知，全市七级地土壤耕层质地为砂土、砂壤、轻壤、中壤和重壤。

利用行政区划图与耕地质量等级图叠加联合形成行政区划耕地质量等级综合图，对七级地土壤耕层质地数据进行区域统计，统计结果见表 4-113。

表 4-113 土壤耕层质地七级地行政区划分布 （hm^2）

县（市、区）	轻壤	砂壤	砂土	中壤	重壤
行唐县	2 176.01	293.86	—	—	—
晋州市	43.52	—	368.70	—	—
灵寿县	2 029.75	169.17	0.36	—	—
鹿泉区	240.00	—	—	—	—
平山县	4 646.06	5.78	—	94.84	—
辛集市	791.08	1 191.19	298.31	—	15.05
元氏县	865.54	—	—	221.23	—
赞皇县	1 489.21	—	—	—	—

10. 质地构型

利用耕地质量等级图对土壤质地构型栅格数据进行区域统计得知，全市七级地土壤质地构型分为海绵型、夹层型、紧实型、上紧下松型、上松下紧型、松散型和通体壤。

利用行政区划图与耕地质量等级图叠加联合形成行政区划耕地质量等级综合图，对七级地土壤质地构型数据进行区域统计，统计结果见表4-114。

表4-114　土壤质地构型七级地行政区划分布　(hm²)

县（市、区）	海绵型	夹层型	紧实型	上紧下松型	上松下紧型	松散型	通体壤
行唐县	685.65	239.15	—	1 545.08	—	—	—
晋州市	—	—	—	—	—	412.22	—
灵寿县	—	—	169.17	—	—	0.36	2 029.75
鹿泉区	—	—	—	—	240.00	—	—
平山县	—	—	5.78	—	94.84	—	4 646.06
辛集市	—	361.53	—	—	—	1 934.10	—
元氏县	1 086.77	—	—	—	—	—	—
赞皇县	—	—	—	—	—	—	1 489.21

11. 成土母质

利用耕地质量等级图对成土母质栅格数据进行区域统计得知，全市七级地成土母质分为冲积物、洪积冲积物、洪积物和坡积物。

利用行政区划图与耕地质量等级图叠加联合形成行政区划耕地质量等级综合图，对七级地成土母质数据进行区域统计，统计结果见表4-115。

表4-115　成土母质七级地行政区划分布　(hm²)

县（市、区）	冲积物	洪积冲积物	洪积物	坡积物
行唐县	855.44	1 431.87	182.57	—
晋州市	43.52	368.70	—	—
灵寿县	—	1 803.58	163.67	232.02
鹿泉区	—	—	240.00	—
平山县	82.99	296.10	4 202.94	164.65
辛集市	2 295.62	—	—	—
元氏县	—	1 086.77	—	—
赞皇县	—	1 489.21	—	—

12. 地形部位

利用耕地质量等级图对地形部位栅格数据进行区域统计得知，全市七级地地形部位分为河谷阶地、平原低阶、平原高阶、平原中阶、丘陵中部、丘陵下部、山地坡中和微斜平原。

利用行政区划图与耕地质量等级图叠加联合形成行政区划耕地质量等级综合图，对七级地地形部位数据进行区域统计，统计结果见表4-116。

表4-116 地形部位七级地行政区划分布 （hm^2）

县（市、区）	河谷阶地	平原低阶	平原高阶	平原中阶	丘陵下部	丘陵中部	山地坡中	微斜平原
行唐县	—	—	—	—	1 614.44	—	855.44	—
晋州市	—	—	43.52	368.70	—	—	—	—
灵寿县	204.23	41.85	—	—	1 111.60	60.46	—	781.11
鹿泉区	—	—	—	—	—	—	240.00	—
平山县	3 753.25	—	—	—	764.77	—	—	228.66
辛集市	—	964.17	969.93	361.53	—	—	—	—
元氏县	—	—	—	364.80	—	721.97	—	—
赞皇县	—	—	—	—	1 489.21	—	—	—

八、八级地

（一）面积与分布

将耕地质量等级分布图与行政区划图进行叠加分析，从耕地质量等级行政区域分布数据库中按权属字段检索出各等级的记录，统计各级地在各县（市、区）的分布状况。全市八级地综合评价指数为0.655 8～0.716 3，耕地面积22 702.54hm^2，占耕地总面积的3.96%。分析结果见表4-117。

表4-117 八级地行政区域分布

县（市、区）	面积（m^2）	占本级耕地比例（%）
行唐县	1 539.82	6.78
井陉县	3 033.41	13.36
灵寿县	3 535.47	15.57
平山县	10 087.10	44.43
赞皇县	4 506.74	19.85

（二）主要属性分析

1. 土壤耕层厚度

利用耕地质量等级图对土壤耕层厚度栅格数据进行区域统计得知，全市八级地土壤耕层厚度平均为 17.4cm，变化幅度在 13～25cm。

利用行政区划图与耕地质量等级图叠加联合形成行政区划耕地质量等级综合图，对土壤耕层厚度栅格数据进行区域统计得知，八级地中，土壤耕层厚度（平均值）最高的县是井陉县，最低的县是行唐县，统计结果见表 4-118。

表 4-118　土壤耕层厚度八级地行政区划分布　　(cm)

县（市、区）	最小值	最大值	平均值
行唐县	13	13	13.0
井陉县	20	20	20.0
灵寿县	15	25	19.8
平山县	15	20	15.9
赞皇县	18	22	18.1

2. 障碍因素

利用耕地质量等级图对障碍因素栅格数据进行区域统计得知，全市八级地基本无明显障碍，只有部分耕地存在瘠薄、障碍层次等障碍因素。

利用行政区划图与耕地质量等级图叠加联合形成行政区划耕地质量等级综合图，对土壤障碍因素栅格数据进行区域统计得知，八级地中，平山县部分耕地存在瘠薄和障碍层次等障碍因素，统计结果见表 4-119。

表 4-119　土壤障碍因素八级地行政区划分布　　(hm^2)

县（市、区）	无	瘠薄	障碍层次
行唐县	1 470.83	—	—
井陉县	3 288.37	—	—
灵寿县	3 376.10	—	—
平山县	8 060.35	521.42	1 698.97
赞皇县	4 286.50	—	—

3. 灌溉能力

利用耕地质量等级图对灌溉能力栅格数据进行区域统计得知，全市八级地灌溉能力处于“不满足”“基本满足”和“满足”状态。

利用行政区划图与耕地质量等级图叠加联合形成行政区划耕地质量等级综合图，对灌溉能力栅格数据进行区域统计得知，八级地中，行唐县耕地处于“不满足”状态，灵寿县、平山县部分耕地处于“不满足”状态，其余耕地处于“基本满足”和“满足”状态，统计结果见表 4-120。

表 4-120　土壤灌溉能力八级地行政区划分布　（hm^2）

县（市、区）	不满足	基本满足	满足
行唐县	1 470.83	—	—
井陉县	—	1 137.59	2 150.78
灵寿县	49.13	540.10	2 786.87
平山县	377.75	3 351.82	6 551.16
赞皇县	—	4 286.50	—

4. 排水能力

利用耕地质量等级图对灌溉能力栅格数据进行区域统计得知，全市八级地排水能力处于“基本满足”“满足”和“充分满足”状态。

利用行政区划图与耕地质量等级图叠加联合形成行政区划耕地质量等级综合图，对排水能力栅格数据进行区域统计得知，八级地中井陉县、灵寿县部分耕地处于“基本满足”状态，其余耕地处于“满足”和“充分满足”状态，统计结果见表 4-121。

表 4-121　土壤排水能力八级地行政区划分布　（hm^2）

县（市、区）	基本满足	满足	充分满足
行唐县	—	1 470.83	—
井陉县	576.48	2 711.89	—
灵寿县	22.00	3 354.10	—
平山县	—	5 804.28	4 476.46
赞皇县	—	4 203.17	83.33

5. 有机质含量

利用耕地质量等级图对土壤有机质含量栅格数据进行区域统计得知，全市八级地土壤有机质含量平均为 19.39g/kg，变化幅度在 9.00~36.90g/kg。

利用行政区划图与耕地质量等级图叠加联合形成行政区划耕地质量等级综合图，对土壤有机质含量栅格数据进行区域统计得知，八级地中，土壤有机质含量（平均值）最高的县是井陉县，最低的县是行唐县，统计结果见表 4-122。

表 4-122　土壤有机质八级地行政区划分布　（g/kg）

县（市、区）	最小值	最大值	平均值
行唐县	14.00	14.00	14.00
井陉县	22.30	36.90	32.08
灵寿县	9.00	33.30	20.37
平山县	9.90	26.10	15.85
赞皇县	9.50	28.20	14.66

6. 有效磷含量

利用耕地质量等级图对土壤有效磷含量栅格数据进行区域统计得知，全市八级地土壤有效磷含量平均为25.67mg/kg，变化幅度在3.50~110.30mg/kg。

利用行政区划图与耕地质量等级图叠加联合形成行政区划耕地质量等级综合图，对土壤有效磷含量栅格数据进行区域统计得知，八级地中，土壤有效磷含量（平均值）最高的县是灵寿县，最低的县是行唐县，统计结果见表4-123。

表4-123　土壤有效磷八级地行政区划分布　（mg/kg）

县（市、区）	最小值	最大值	平均值
行唐县	17.00	17.00	17.00
井陉县	15.50	59.00	29.05
灵寿县	3.50	110.30	30.78
平山县	7.80	84.50	22.39
赞皇县	8.90	93.90	29.15

7. 速效钾含量

利用耕地质量等级图对土壤速效钾含量栅格数据进行区域统计得知，全市八级地土壤速效钾含量平均为101.8mg/kg，变化幅度在42~248mg/kg。

利用行政区划图与耕地质量等级图叠加联合形成行政区划耕地质量等级综合图，对土壤速效钾含量栅格数据进行区域统计得知，八级地中，土壤速效钾含量（平均值）最高的县是井陉县，最低的县是赞皇县，统计结果见表4-124。

表4-124　土壤速效钾八级地行政区划分布　（mg/kg）

县（市、区）	最小值	最大值	平均值
行唐县	90	90	90.1
井陉县	110	170	146.9
灵寿县	45	248	98.2
平山县	65	187	89.1
赞皇县	42	248	85.3

8. pH值

利用耕地质量等级图对土壤pH值栅格数据进行区域统计得知，全市八级地土壤pH值平均为7.8，变化幅度在6.4~8.8。

利用行政区划图与耕地质量等级图叠加联合形成行政区划耕地质量等级综合图，对土壤pH值栅格数据进行区域统计得知，八级地中，土壤pH值（平均值）最高的县是行唐县，最低的县是赞皇县，统计结果见表4-125。

表4-125 土壤pH值八级地行政区划分布

县（市、区）	最小值	最大值	平均值
行唐县	8.1	8.1	8.1
井陉县	7.8	8.2	8.0
灵寿县	6.4	8.8	8.0
平山县	7.0	8.2	8.0
赞皇县	6.5	7.9	7.0

9. 耕层质地

利用耕地质量等级图对土壤耕层质地栅格数据进行区域统计得知，全市八级地土壤耕层质地为砂壤、轻壤、中壤和重壤。

利用行政区划图与耕地质量等级图叠加联合形成行政区划耕地质量等级综合图，对八级地土壤耕层质地数据进行区域统计，统计结果见表4-126。

表4-126 土壤耕层质地八级地行政区划分布 （hm^2）

县（市、区）	轻壤	砂壤	中壤	重壤
行唐县	1 470.83	—	—	—
井陉县	3 287.82	—	0.55	—
灵寿县	1 641.50	1 734.35	0.25	—
平山县	9 780.70	325.64	150.67	23.72
赞皇县	4 205.53	22.18	58.79	—

10. 质地构型

利用耕地质量等级图对土壤质地构型栅格数据进行区域统计得知，全市八级地土壤质地构型分为海绵型、夹层型、紧实型、上松下紧型和通体壤。

利用行政区划图与耕地质量等级图叠加联合形成行政区划耕地质量等级综合图，对八级地土壤质地构型数据进行区域统计，统计结果见表4-127。

表4-127 土壤质地构型八级地行政区划分布 （hm^2）

县（市、区）	海绵型	夹层型	紧实型	上松下紧型	通体壤
行唐县	1 470.83	—	—	—	—
井陉县	—	—	—	3 288.37	—
灵寿县	—	—	1 734.35	0.25	1 641.50
平山县	—	23.72	325.64	150.67	9 780.70
赞皇县	—	—	22.18	58.79	4 205.53

11. 成土母质

利用耕地质量等级图对成土母质栅格数据进行区域统计得知，全市八级地成土母质分为残积物、冲积物、洪积冲积物和洪积物。

利用行政区划图与耕地质量等级图叠加联合形成行政区划耕地质量等级综合图，对八级地成土母质数据进行区域统计，统计结果见表 4-128。

表 4-128　成土母质八级地行政区划分布　(hm^2)

县（市、区）	残积物	冲积物	洪积冲积物	洪积物
行唐县	—	—	1 470.83	—
井陉县	576.48	—	—	2 711.89
灵寿县	336.68	—	2 594.84	444.58
平山县	—	1 698.97	14.81	8 566.96
赞皇县	2 827.93	—	1 458.57	—

12. 地形部位

利用耕地质量等级图对地形部位栅格数据进行区域统计得知，全市八级地地形部位分为河谷阶地、平原低阶、丘陵中部、丘陵下部、山地坡下、山地坡中、山间盆地和微斜平原。

利用行政区划图与耕地质量等级图叠加联合形成行政区划耕地质量等级综合图，对八级地地形部位数据进行区域统计，统计结果见表 4-129。

表 4-129　地形部位八级地行政区划分布　(hm^2)

县（市、区）	河谷阶地	平原低阶	丘陵下部	丘陵中部	山地坡下	山地坡中	山间盆地	微斜平原
行唐县	—	—	—	—	—	1 470.83	—	—
井陉县	—	—	—	1 813.35	—	898.55	576.48	—
灵寿县	1 079.54	326.08	1 242.29	161.14	—	—	—	567.04
平山县	8 277.11	—	1 116.03	—	97.04	—	—	790.57
赞皇县	2 744.60	—	1 541.90	—	—	—	—	—

九、九级地

（一）面积与分布

将耕地质量等级分布图与行政区划图进行叠加分析，从耕地质量等级行政区域分布数据库中按权属字段检索出各等级的记录，统计各级地在各县（市、区）的分布状况。

全市九级地的综合评价指数为 0. 634 7~0. 695 7，耕地面积 27 811. 86hm^2，占耕地总面积的 4. 85%。分析结果见表 4-130。

表 4-130　九级地行政区域分布

县（市、区）	面积（hm^2）	占本级耕地（%）
行唐县	555. 21	2. 00
井陉县	5 976. 09	21. 49
灵寿县	3 828. 85	13. 77
平山县	11 091. 27	39. 88
赞皇县	6 360. 44	22. 87

（二）主要属性分析

1. 土壤耕层厚度

利用耕地质量等级图对土壤耕层厚度栅格数据进行区域统计得知，全市九级地土壤耕层厚度平均为 17. 3cm，变化幅度在 5~25cm。

利用行政区划图与耕地质量等级图叠加联合形成行政区划耕地质量等级综合图，对土壤耕层厚度栅格数据进行区域统计得知，九级地中，土壤耕层厚度（平均值）最高的县是灵寿县，最低的县是行唐县，统计结果见表 4-131。

表 4-131　土壤耕层厚度九级地行政区划分布　（cm）

县（市、区）	最小值	最大值	平均值
行唐县	13	13	13. 0
井陉县	15	20	19. 8
灵寿县	15	25	19. 9
平山县	5	20	15. 8
赞皇县	18	22	18. 2

2. 障碍因素

利用耕地质量等级图对障碍因素栅格数据进行区域统计得知，全市九级地基本无明显障碍，只有部分耕地存在瘠薄、障碍层次等障碍因素。

利用行政区划图与耕地质量等级图叠加联合形成行政区划耕地质量等级综合图，对土壤障碍因素栅格数据进行区域统计得知，九级地中，平山县、灵寿县部分耕地存在瘠薄和障碍层次等障碍因素，统计结果见表 4-132。

表 4-132　土壤障碍因素九级地行政区划分布　(hm²)

县（市、区）	无	瘠薄	障碍层次
行唐县	526.41	—	—
井陉县	6 430.54	—	—
灵寿县	3 324.89	6.95	297.42
平山县	9 074.63	1 193.40	952.68
赞皇县	6 004.94	—	—

3. 灌溉能力

利用耕地质量等级图对灌溉能力栅格数据进行区域统计得知，全市九级地灌溉能力处于“不满足”“基本满足”和“满足”状态。

利用行政区划图与耕地质量等级图叠加联合形成行政区划耕地质量等级综合图，对灌溉能力栅格数据进行区域统计得知，九级地中，行唐县灌溉能力最差，处于“不满足”状态；灵寿县灌溉能力最强，只有小部分耕地处于“不满足”状态。统计结果见表 4-133。

表 4-133　土壤灌溉能力九级地行政区划分布　(hm²)

县（市、区）	不满足	基本满足	满足
行唐县	526.41	—	—
井陉县	421.02	3 784.01	2 225.51
灵寿县	89.29	2 187.64	1 352.32
平山县	177.41	1 947.99	9 095.30
赞皇县	4 194.26	1 810.68	—

4. 排水能力

利用耕地质量等级图对灌溉能力栅格数据进行区域统计得知，全市九级地排水能力处于“基本满足”“满足”和“充分满足”状态。

利用行政区划图与耕地质量等级图叠加联合形成行政区划耕地质量等级综合图，对排水能力栅格数据进行区域统计得知，九级地中，除灵寿县部分耕地处于“基本满足”状态，其余耕地处于“满足”和“充分满足”状态，统计结果见表 4-134。

表 4-134　土壤排水能力九级地行政区划分布　(hm²)

县（市、区）	基本满足	满足	充分满足
行唐县	—	526.41	—
井陉县	—	6 116.34	314.20
灵寿县	197.67	3 431.58	—

（续表）

县（市、区）	基本满足	满足	充分满足
平山县	—	8 889.30	2 331.41
赞皇县	—	5 992.02	12.91

5. 有机质含量

利用耕地质量等级图对土壤有机质含量栅格数据进行区域统计得知，全市九级地土壤有机质含量平均为17.22g/kg，变化幅度在8.30~81.40g/kg。

利用行政区划图与耕地质量等级图叠加联合形成行政区划耕地质量等级综合图，对土壤有机质含量栅格数据进行区域统计得知，九级地中，土壤有机质含量（平均值）最高的县是井陉县，最低的县是平山县，统计结果见表4-135。

表4-135　土壤有机质九级地行政区划分布　（g/kg）

县（市、区）	最小值	最大值	平均值
行唐县	14.30	14.30	14.30
井陉县	11.10	81.40	24.28
灵寿县	8.90	26.80	18.13
平山县	8.30	32.70	12.85
赞皇县	9.50	27.70	16.54

6. 有效磷含量

利用耕地质量等级图对土壤有效磷含量栅格数据进行区域统计得知，全市九级地土壤有效磷含量平均为21.95mg/kg，变化幅度在1.80~111.50mg/kg。

利用行政区划图与耕地质量等级图叠加联合形成行政区划耕地质量等级综合图，对土壤有效磷含量栅格数据进行区域统计得知，九级地中，土壤有效磷含量（平均值）最高的县是井陉县，最低的县是行唐县，统计结果见表4-136。

表4-136　土壤有效磷九级地行政区划分布　（mg/kg）

县（市、区）	最小值	最大值	平均值
行唐县	8.50	8.50	8.50
井陉县	16.20	56.40	33.60
灵寿县	4.00	79.50	20.66
平山县	4.10	111.50	25.41
赞皇县	1.80	47.10	21.60

7. 速效钾含量

利用耕地质量等级图对土壤速效钾含量栅格数据进行区域统计得知，全市九级地土壤速效钾含量平均为93.2mg/kg，变化幅度在5~300mg/kg。

利用行政区划图与耕地质量等级图叠加联合形成行政区划耕地质量等级综合图，对土壤速效钾含量栅格数据进行区域统计得知，九级地中，土壤速效钾含量（平均值）最高的县是井陉县，最低的县是平山县，统计结果见表4-137。

表4-137　土壤速效钾九级地行政区划分布　（mg/kg）

县（市、区）	最小值	最大值	平均值
行唐县	96	96	96.0
井陉县	100	300	117.2
灵寿县	30	248	94.1
平山县	5	210	79.2
赞皇县	53	145	79.3

8. pH值

利用耕地质量等级图对土壤pH值栅格数据进行区域统计得知，全市九级地土壤pH值平均为7.9，变化幅度在6.4~8.8。

利用行政区划图与耕地质量等级图叠加联合形成行政区划耕地质量等级综合图，对土壤pH值栅格数据进行区域统计得知，九级地中，土壤pH值（平均值）最高的县是行唐县，最低的县是赞皇县，统计结果见表4-138。

表4-138　土壤pH值九级地行政区划分布

县（市、区）	最小值	最大值	平均值
行唐县	8.2	8.2	8.2
井陉县	6.7	8.3	8.1
灵寿县	6.4	8.8	7.9
平山县	7.5	8.3	8.0
赞皇县	6.6	8.1	7.5

9. 耕层质地

利用耕地质量等级图对土壤耕层质地栅格数据进行区域统计得知，全市九级地土壤耕层质地为砂土、砂壤、轻壤和中壤。

利用行政区划图与耕地质量等级图叠加联合形成行政区划耕地质量等级综合图，对九级地土壤耕层质地数据进行区域统计，统计结果见表4-139。

表 4-139　土壤耕层质地九级地行政区划分布 （hm^2）

县（市、区）	轻壤	砂壤	砂土	中壤
行唐县	526.41	—	—	—
井陉县	6 013.42	381.10	1.71	34.30
灵寿县	2 044.36	1 470.08	68.41	46.41
平山县	10 929.08	200.55	—	91.09
赞皇县	5 430.89	288.86	9.84	275.35

10. 质地构型

利用耕地质量等级图对土壤质地构型栅格数据进行区域统计得知，全市九级地土壤质地构型分为薄层型、海绵型、紧实型、上紧下松型、上松下紧型、松散型和通体壤。

利用行政区划图与耕地质量等级图叠加联合形成行政区划耕地质量等级综合图，对九级地土壤质地构型数据进行区域统计，统计结果见表 4-140。

表 4-140　土壤质地构型九级地行政区划分布 （hm^2）

县（市、区）	薄层型	海绵型	紧实型	上紧下松型	上松下紧型	松散型	通体壤
行唐县	—	526.41	—	—	—	—	—
井陉县	353.10	—	—	149.40	5 603.83	324.21	—
灵寿县	—	—	1 470.08	—	46.41	68.41	2 044.36
平山县	—	—	200.55	—	91.09	—	10 929.08
赞皇县	—	—	288.86	—	275.35	9.84	5 430.89

11. 成土母质

利用耕地质量等级图对成土母质栅格数据进行区域统计得知，全市九级地成土母质分为残积物、冲积物、洪积冲积物、洪积物和坡积物。

利用行政区划图与耕地质量等级图叠加联合形成行政区划耕地质量等级综合图，对九级地成土母质数据进行区域统计，统计结果见表 4-141。

表 4-141　成土母质九级地行政区划分布 （hm^2）

县（市、区）	残积物	冲积物	洪积冲积物	洪积物	坡积物
行唐县	—	—	526.41	—	—
井陉县	1 542.35	732.97	—	4 155.22	—
灵寿县	136.06	—	2 338.50	276.28	878.41
平山县	64.64	78.89	969.57	10 107.60	—
赞皇县	4 409.47	—	1 412.30	183.16	—

12. 地形部位

利用耕地质量等级图对地形部位栅格数据进行区域统计得知，全市九级地地形部位分为河谷阶地、平原低阶、丘陵中部、丘陵下部、山地坡下、山地坡中、山间盆地和微斜平原。

利用行政区划图与耕地质量等级图叠加联合形成行政区划耕地质量等级综合图，对九级地地形部位数据进行区域统计，统计结果见表 4-142。

表 4-142　地形部位九级地行政区划分布　(hm^2)

县（市、区）	河谷阶地	平原低阶	丘陵下部	丘陵中部	山地坡下	山地坡中	山间盆地	微斜平原
行唐县	—	—	—	—	—	526.41	—	—
井陉县	—	—	—	1 270.98	—	4 154.96	1 004.60	—
灵寿县	358.65	288.00	930.13	1 098.39	128.96	—	—	825.15
平山县	6 004.87	—	1 418.69	1 400.26	855.54	—	—	1 541.35
赞皇县	385.47	—	5 619.47	—	—	—	—	—

十、十级地

（一）面积与分布

将耕地质量等级分布图与行政区划图进行叠加分析，从耕地质量等级行政区域分布数据库中按权属字段检索出各等级的记录，统计各级地在各县区的分布状况。全市十级地的综合评价指数小于 0.634 7，耕地面积 29 243.14hm²，占耕地总面积的 5.10%。分析结果见表 4-143。

表 4-143　十级地行政区域分布

县（市、区）	面积（m^2）	占本级耕地（%）
行唐县	470.84	1.61
元氏县	17.90	0.06
井陉县	13 154.92	44.98
灵寿县	6 183.49	21.15
平山县	6 599.86	22.57
赞皇县	2 816.11	9.63

（二）主要属性分析

1. 土壤耕层厚度

利用耕地质量等级图对土壤耕层厚度栅格数据进行区域统计得知，全市十级地土壤耕层厚度平均为17.2cm，变化幅度在10~25cm。

利用行政区划图与耕地质量等级图叠加联合形成行政区划耕地质量等级综合图，对土壤耕层厚度栅格数据进行区域统计得知，十级地中，土壤耕层厚度（平均值）最高的县是元氏县，最低的县是行唐县，统计结果见表4-144。

表4-144　土壤耕层厚度十级地行政区划分布　（cm）

县（市、区）	最小值	最大值	平均值
行唐县	13	13	13.0
元氏县	14	25	19.9
井陉县	15	25	19.7
灵寿县	10	20	17.5
平山县	15	15	15.0
赞皇县	18	22	18.1

2. 障碍因素

利用耕地质量等级图对障碍因素栅格数据进行区域统计得知，全市十级地基本无明显障碍，只有部分耕地存在瘠薄、障碍层次等障碍因素。

利用行政区划图与耕地质量等级图叠加联合形成行政区划耕地质量等级综合图，对土壤障碍因素栅格数据进行区域统计得知，十级地中，平山县部分耕地存在瘠薄障碍因素，行唐县、灵寿县、平山县部分耕地存在障碍层次，统计结果见表4-145。

表4-145　土壤障碍因素十级地行政区划分布　（hm^2）

县（市、区）	无	瘠薄	障碍层次
行唐县	437.64	—	0.23
井陉县	13 884.02	—	—
灵寿县	5 704.43	—	44.41
平山县	6 079.15	328.07	141.71
元氏县	15.72	—	—
赞皇县	2 607.76	—	—

3. 灌溉能力

利用耕地质量等级图对灌溉能力栅格数据进行区域统计得知，全市十级地灌溉能力处于“不满足”“基本满足”和“满足”状态。

利用行政区划图与耕地质量等级图叠加联合形成行政区划耕地质量等级综合图，对灌溉能力栅格数据进行区域统计得知，十级地中，行唐县、元氏县全部耕地灌溉能力最差，处于“不满足”状态；平山县灌溉能力最强，只有28%的耕地处于“不满足”状态，统计结果见表 4-146。

表 4-146　土壤灌溉能力十级地行政区划分布　(hm²)

县（市、区）	不满足	基本满足	满足
行唐县	437.87	—	—
井陉县	10 837.38	2 500.73	545.91
灵寿县	2 376.25	2 991.58	381.00
平山县	1 822.75	3 933.31	792.87
元氏县	15.72	—	—
赞皇县	1 931.64	676.12	—

4. 排水能力

利用耕地质量等级图对灌溉能力栅格数据进行区域统计得知，全市十级地排水能力处于“基本满足”“满足”和“充分满足”状态。

利用行政区划图与耕地质量等级图叠加联合形成行政区划耕地质量等级综合图，对排水能力栅格数据进行区域统计得知，十级地中，除灵寿县部分耕地处于“基本满足”状态，其余耕地处于“满足”和“充分满足”状态，统计结果见表 4-147。

表 4-147　土壤排水能力十级地行政区划分布　(hm²)

县（市、区）	基本满足	满足	充分满足
行唐县	—	437.87	—
井陉县	—	7 992.86	5 891.12
灵寿县	205.89	5 542.94	—
平山县	—	5 318.13	1 230.79
元氏县	—	15.72	—
赞皇县	—	2 604.99	2.77

5. 有机质含量

利用耕地质量等级图对土壤有机质含量栅格数据进行区域统计得知，全市十级地土壤有机质含量平均为 18.58g/kg，变化幅度在 4.10~81.40g/kg。

利用行政区划图与耕地质量等级图叠加联合形成行政区划耕地质量等级综合图，对土壤有机质含量栅格数据进行区域统计得知，十级地中，土壤有机质含量（平均值）最高的县是行唐县，最低的县是平山县，统计结果见表 4-148。

表 4-148　土壤有机质十级地行政区划分布　(g/kg)

县（市、区）	最小值	最大值	平均值
行唐县	18.00	24.70	24.67
井陉县	10.00	81.40	23.21
灵寿县	4.10	26.80	15.56
平山县	4.50	26.80	12.60
元氏县	18.40	18.40	18.40
赞皇县	6.80	25.10	17.06

6. 有效磷含量

利用耕地质量等级图对土壤有效磷含量栅格数据进行区域统计得知，全市十级地土壤有效磷含量平均为 18.82mg/kg，变化幅度在 2.10~75.20mg/kg。

利用行政区划图与耕地质量等级图叠加联合形成行政区划耕地质量等级综合图，对土壤有效磷含量栅格数据进行区域统计得知，十级地中，土壤有效磷含量（平均值）最高的县是行唐县，最低的县是赞皇县，统计结果见表 4-149。

表 4-149　土壤有效磷十级地行政区划分布　(mg/kg)

县（市、区）	最小值	最大值	平均值
行唐县	9.00	29.70	29.59
井陉县	3.00	51.70	22.33
灵寿县	2.10	32.20	11.91
平山县	2.50	75.20	15.19
元氏县	23.30	23.30	23.30
赞皇县	2.20	36.40	10.58

7. 速效钾含量

利用耕地质量等级图对土壤速效钾含量栅格数据进行区域统计得知，全市十级地土壤速效钾含量平均为 97.7mg/kg，变化幅度在 23~300mg/kg。

利用行政区划图与耕地质量等级图叠加联合形成行政区划耕地质量等级综合图，对土壤速效钾含量栅格数据进行区域统计得知，十级地中，土壤速效钾含量（平均值）最高的县是井陉县，最低的县是平山县，统计结果见表 4-150。

表 4-150　土壤速效钾十级地行政区划分布　(mg/kg)

县（市、区）	最小值	最大值	平均值
行唐县	85	88	85.2
井陉县	66	300	139.9

（续表）

县（市、区）	最小值	最大值	平均值
灵寿县	23	146	77.2
平山县	23	170	67.3
元氏县	130	130	130.2
赞皇县	31	145	86.1

8. pH 值

利用耕地质量等级图对土壤 pH 值栅格数据进行区域统计得知，全市十级地土壤 pH 值平均为 8.1，变化幅度在 6.4~8.7。

利用行政区划图与耕地质量等级图叠加联合形成行政区划耕地质量等级综合图，对土壤 pH 值栅格数据进行区域统计得知，十级地中，土壤 pH 值（平均值）最高的县是元氏县，最低的县是赞皇县，统计结果见表 4-151。

表 4-151　土壤 pH 值十级地行政区划分布

县（市、区）	最小值	最大值	平均值
行唐县	8.1	8.2	8.1
井陉县	7.6	8.3	8.1
灵寿县	6.4	8.7	8.1
平山县	7.6	8.4	7.9
元氏县	8.2	8.2	8.2
赞皇县	6.6	8.1	7.9

9. 耕层质地

利用耕地质量等级图对土壤耕层质地栅格数据进行区域统计得知，全市十级地土壤耕层质地为砂土、砂壤、轻壤和中壤。

利用行政区划图与耕地质量等级图叠加联合形成行政区划耕地质量等级综合图，对十级地土壤耕层质地数据进行区域统计，统计结果见表 4-152。

表 4-152　土壤耕层质地十级地行政区划分布　（hm^2）

县（市、区）	轻壤	砂壤	砂土	中壤
行唐县	260.01	177.86	—	—
井陉县	11 669.60	1 307.15	477.71	429.55
灵寿县	2 365.87	3 299.08	83.88	—
平山县	5 609.68	935.15	—	4.09
元氏县	15.72	—	—	—
赞皇县	2 202.48	233.85	63.15	108.27

10. 质地构型

利用耕地质量等级图对土壤质地构型栅格数据进行区域统计得知，全市十级地土壤质地构型分为薄层型、海绵型、紧实型、上紧下松型、上松下紧型、松散型和通体壤。

利用行政区划图与耕地质量等级图叠加联合形成行政区划耕地质量等级综合图，对十级地土壤质地构型数据进行区域统计，统计结果见表4-153。

表4-153 土壤质地构型十级地行政区划分布 （hm^2）

县（市、区）	薄层型	海绵型	紧实型	上紧下松型	上松下紧型	松散型	通体壤
行唐县	437.64	—	—	0.23	—	—	—
井陉县	—	813.21	—	1 271.20	11 199.81	599.80	—
灵寿县	—	—	3 299.08	—	—	83.88	2 365.87
平山县	—	—	935.15	—	4.09	—	5 609.68
元氏县	—	—	—	—	—	15.72	—
赞皇县	—	—	233.85	—	108.27	63.15	2 202.48

11. 成土母质

利用耕地质量等级图对成土母质栅格数据进行区域统计得知，全市十级地成土母质分为残积物、冲积物、洪积冲积物、洪积物和坡积物。

利用行政区划图与耕地质量等级图叠加联合形成行政区划耕地质量等级综合图，对十级地成土母质数据进行区域统计，统计结果见表4-154。

表4-154 成土母质十级地行政区划分布 （hm^2）

县（市、区）	残积物	冲积物	洪积冲积物	洪积物	坡积物
行唐县	—	—	437.87	—	—
井陉县	1 982.24	922.30	660.39	9 663.33	655.76
灵寿县	174.22	—	4 109.67	1 460.85	4.09
平山县	623.86	121.75	3 636.59	2 166.73	—
元氏县	15.72	—	—	—	—
赞皇县	2 607.76				

12. 地形部位

利用耕地质量等级图对地形部位栅格数据进行区域统计得知，全市十级地地形部位分为河谷阶地、平原低阶、丘陵上部、丘陵下部、丘陵中部、山地坡下、山地坡中、山间盆地和微斜平原。

利用行政区划图与耕地质量等级图叠加联合形成行政区划耕地质量等级综合图，对

十级地地形部位数据进行区域统计，统计结果见表 4-155。

表 4-155　地形部位十级地行政区划分布　　（hm^2）

县（市、区）	河谷阶地	平原低阶	丘陵上部	丘陵下部	丘陵中部	山地坡下	山地坡中	山间盆地	微斜平原
行唐县	—	—	—	0.23	—	—	437.64	—	—
井陉县	—	—	655.76	—	821.48	—	12 370.71	36.06	—
灵寿县	121.77	235.07	—	376.88	3 876.33	1 078.66	—	—	60.11
平山县	645.50	—	—	293.42	4 111.12	1 404.40	—	—	94.40
元氏县	—	—	—	—	—	—	15.72	—	—

第四节　评价结果检验

耕地质量是耕地自然要素相互作用所表现出来的潜在生产能力，耕地质量评价的实质是评价地形地貌、土壤理化性状、土壤管理等要素对作物生长限制程度的强弱。根据石家庄市各县（市、区）地形地貌、成土母质、人为因素（土壤养分状况）等主要成土因素对土壤发育的影响进行耕地质量分级。

通过实地调查、专家论证，对石家庄耕地质量进行验证，结果显示耕地质量评价结果与石家庄市耕地实际情况吻合较好。

此次耕地地力评价明确了石家庄市耕地地力等级，能较好地指导石家庄市农业生产工作，实现农业生产的科学规划、布局和种植，为促进石家庄市农业增效、粮食增产和农民增收创造了良好条件。

第五章　中低产田类型与改良利用

第一节　中低产田区域特点

一、中低产田分布及土壤形成关系

土类是在一定综合自然条件和人为因素作用下，经过了一个主导或几个相结合的成土过程，土类的形成主要受地形高度、地貌性状、气候特点及地下水等因素的影响。

石家庄市地貌与土类分布规律：随着高程的降低土类呈棕壤—褐土—潮土的纵向分布规律；随着土壤熟化程度的增加及高程的降低，土壤有机质、全氮、有效磷、速效钾呈明显增加的趋势。

亚类是同一土类的不同发育阶段，在成土过程和剖面形态上互有差异。低山丘陵区不同亚类土壤有机质随着土壤高程的降低，土壤有机质逐渐降低，而有效磷和速效钾变化则无规律性。而山前平原土壤有机质随着高程的降低呈由高—低—高的趋势演变，各土壤亚类间无明显差异，有效磷和速效钾无明显差异。

土属是依据成土母质的成因类型属性（岩性或地势）以及水文地质等区域因素划分的。不同土属间土壤有机质、全氮均呈显著正相关关系，而有机质与有效磷、速效钾无显著相关关系。

土种具有鲜明的生产特性，土种的属性是相对稳定的，非一般农业技术措施所能改变。不同土种间土壤有机质、全氮呈显著相关关系，而有机质与土壤有效磷、速效钾无显著相关关系。

石家庄市中低产田分布规律（表 5-1）：

石家庄市土壤垂直分布规律：低山至中山为石灰性褐土—褐土—淋溶褐土—棕壤—山地草甸土。其海拔高度是：石灰性褐土约 600m 以下，褐土为 500~800m，淋溶褐土为 700~ 1 200m，棕壤为 1 000~1 200m，山地草甸土为 1 900~2 281m。

其土壤垂直带谱的基带为褐土带和棕壤带。

由于山体的坡向不同造成水热条件和植被的差异。因此，土壤垂直带谱在南北坡向的分布高低也有差异。以平山县南坨土壤垂直带谱为例，南北坡向带距差 100~200m，南坡的棕壤要比北坡的棕壤出现部位高 100~200m。

表 5-1　石家庄市土壤耕地质量综合评价

耕地质量	主要土类或亚类
极高产地	潮褐土、潮土
高产地	湿潮土、褐土、潜、潴育型水稻土
中产地	石灰性褐土、褐土性土、盐化潮土、沼泽土、草甸沼泽土
低产地	淋溶褐土、草甸盐土
极低产地	棕壤、石质土、粗骨土、新积土、半固定风沙土、山地草甸土

石家庄市的潮土、沼泽土、水稻土、盐土、风沙土、新积土、粗骨土、石质土、山地草甸土等土壤类型均为区域性土壤。

潮土、沼泽土的成土条件中，水分是土壤形成的主导因素，即土壤由于地下水埋深很浅或地表长期积水，土壤物质处于氧化还原状态过程中形成的土壤。凡符合这些成土条件的均可形成该土壤类型，其在山区的褐土区有分布，在平原的潮土区也有分布。

水稻土则是由于人类长期种植水稻，进行周期性的耕作、灌排、人为控制土壤中物质的氧化还原过程，成为区别于其他旱作土壤的人为土壤类型。因此，我市水稻土大都分布在有灌排条件的山区沟谷和山麓平原上部有泉涌或河滩等地方。

盐土是以水文和地形为主导的成土因素作用下形成的土壤类型。其分布规律是在地下水位较高，且矿化度较高，地形为洼地中微凸起的部位上。由于地下水径流不畅，其所含有的可溶盐随土壤毛管水聚积地表而形成的土壤类型。

而石质土和粗骨土则是由于山体陡峭，土壤受降水的冲刷，黏粒和其他物质被冲失，仅留下大量的砾石和植物着生的少量薄层土壤。其发育过程经常被打断，故无发育层次，整个土层呈粗骨状。其分布规律也均在低山、水土流失严重的地区。

新积土和风沙土的分布规律则是在河漫滩和故河道上，由于成土时间短暂而无剖面发育的一类土壤类型。

二、中低产田与土壤质地的关系

（一）土壤质地区域分布特点

土壤的理化性状是影响耕地质量的重要因素，土壤质地是反映土壤物理性状的重要指标，土壤理化性质是协调土壤水、肥、气、热的重要因素，同时对土壤养分转化、释放和供应起着重要作用。

石家庄市土壤母质主要有如下几种：山区的花岗岩类、石灰岩类、基性岩类等的风化残积坡积母质，山麓平原的洪积冲积物，以及河流冲积物和黄土性沉积物。这些特有

表 5-2　石家庄市（参评县、市、区）土壤质地状况

（hm^2）

行政区域	总面积	砂土		砂壤		轻壤		中壤		重壤		黏土	
		面积	%	面积	%	面积	%	面积	%	面积	%	面积	%
全市	573 728.51	4 412.25	0.77	36 958.01	6.44	474 024.69	82.62	39 790.94	6.94	17 930.71	3.13	611.91	0.11
高邑县	15 523.39	—	—	—	—	334.38	2.15	14 095.12	90.80	481.98	3.10	611.91	3.94
藁城区	52 247.37	53.05	0.10	2 416.40	4.62	49 226.34	94.22	551.58	1.06	—	—	—	—
行唐县	46 224.82	—	—	5 121.87	11.08	41 102.95	88.92	—	—	—	—	—	—
晋州市	40 000.35	465.32	1.16	561.78	1.40	38 973.25	97.43	—	—	—	—	—	—
鹿泉区	23 783.76	—	—	38.94	0.16	20 919.40	87.96	2 825.42	11.88	—	—	—	—
栾城区	23 709.72	—	—			23 709.72	100	—	—	—	—	—	—
深泽县	19 447.02	—	—	1 054.18	5.42	13 086.33	67.29	5 306.51	27.29	—	—	—	—
无极县	35 539.82	—	—	714.61	2.01	34 825.21	97.99	—	—	—	—	—	—
辛集市	55 340.99	1 409.05	2.55	6 176.12	11.16	38 702.61	69.93	2 595.84	4.69	6 457.37	11.67	—	—
新乐市	31 764.76	1 783.24	5.61	9 106.07	28.67	20 875.46	65.72	—	—	—	—	—	—
元氏县	37 149.39	—	—	215.40	0.58	13 378.80	36.01	12 587.10	33.88	10 968.10	29.52		
赵县	47 807.59	—	—	35.96	0.08	47 771.63	99.92	—	—	—	—	—	—
正定县	28 622.37	—	—	242.85	0.85	28 379.53	99.15	—	—	—	—	—	—
井陉县	23 595.69	454.22	1.93	1 592.68	6.75	21 109.42	89.46	439.38	1.86	—	—	—	—
灵寿县	31 000.12	168.76	0.54	7 633.70	24.62	23 019.67	74.26	177.99	0.57	—	—	—	—
平山县	41 324.06	—	—	1 465.64	3.55	39 249.24	94.98	585.91	1.42	23.28	0.06	—	—
赞皇县	20 647.29	78.62	0.38	581.82	2.82	19 360.75	93.77	626.10	3.03	—	—	—	—

的成土母质形成了全市的典型土壤质地，即总的来说质地偏轻，多为砂壤、轻壤。平原地区由西北向东南呈由轻变重的趋势。据分析测定，全部土壤中，轻壤4 740 246 851m²，占土壤面积的82.62%；砂壤369 580 141.6m²，占6.44%；砂土44 122 483.3m²，占0.77%；中壤397 909 435.1m²，占6.94%；重壤179 307 089.2m²，占3.13%，黏土6 119 142.5m²，占0.11%。砂土、砂壤和轻壤合计占全市土壤面积的89.83%。它决定了本区的土壤质地普遍偏轻的特性。

由于受大沙河、老磁河、木刀沟以及滹沱河的冲积、摆动的影响，造成沿河各县的土壤质地较轻。砂质、砂壤质土壤比重大，如新乐、行唐、辛集、灵寿等县（市），砂质、砂壤面积占各县土壤面积的11%~35%。尤其是新乐市，由于木刀沟、大沙河两条河流横贯全县，土壤质地最轻，砂质、砂壤占全区的34.28%。

黄土性沉积物和黄土性冲积物母质发育的土壤质地均一，多为轻壤，主要分布在山区及丘陵地区的沟谷、盆地之中。发育在广大洪冲积扇上的土壤，如藁城、晋州、无极、赵县、正定、赞皇等县（市、区）的土壤，质地绝大部分为轻壤，占土壤面积的93.77%~99.92%。而中壤、黏土面积较小，大部分零散分布于冲积扇下游的高邑、深泽、元氏等地，高邑县占比最高，占土壤面积的97.27%（表5-2）。

（二）土壤质地对耕地质量的影响

土壤质地是影响耕地质量的重要因素，它调节着土壤水肥气热，影响土壤蓄水、导水、保肥、供肥、导温和耕性性状等。石家庄市不同质地土壤概况如下。

1. 砂质、砂壤土

全市耕地中砂质、砂壤土41 370.26hm²，占其耕地面积的6.44%。主要分布区域在新乐、行唐、辛集、灵寿四县（市、区）（表5-3）。

该质地土壤蓄水力弱，养分含量低，保肥力差，土温变化较快，通气性和透水性良好，易于耕作但保水肥能力差，不耐旱，养分也容易流失。因此，施肥需少量多次，种植的作物产量较低，成本较高。

表5-3　砂质、砂壤土的分布状况

县（市）名	砂质、砂壤土占耕地面积比例（%）	县（区）名	砂质、砂壤土占耕地面积比例（%）
新乐	34.28	辛集	13.71
行唐	11.08	灵寿	25.16

提高砂壤土耕地质量的措施。

（1）保证水源及时灌溉，尽可能用秸秆覆盖地面，以防止蒸发。

（2）增施有机肥提高土壤肥力，施用鸡粪、猪粪等黏性较强的有机肥，改善土壤物理结构。

（3）施用化肥要少量多次，防止肥料流失和作物早衰，提高经济效益。

（4）因土种植，选用耐旱耐贫瘠品种。

2. 轻壤土

轻壤土是石家庄市主要土壤质地类型。耕地土壤中，轻壤土 474 024. 69hm²，占耕地面积的 82. 62%。全区轻壤土的特点是，<0. 01mm 的黏粒含量少，一般在 20%～27% 之间，熟化程度高，有机质含量较高。轻壤土有机质含量 15. 0g/kg 左右。轻壤土体本身物理性状好，通透性、保肥保水力强，空隙适宜，松紧适中，是石家庄市粮食高产区。

3. 中壤、重壤及黏质土

石家庄市耕地土壤中中壤、重壤及黏质土较少，总面积只有 58 333. 57hm²，占耕地的 10. 16%。其中主要是中壤质土。俗称“二性子土”，具有“干时硬，湿时泞”的特点。该质地土壤保水力和保肥力较强，养分含量较高，土温比较稳定，但通气透水性差，且耕作比较困难。改良此类土壤的主要措施是秸秆还田、增施有机肥，以逐步改善土壤物理性质。

三、土体构型对耕地质量的影响

土体构型是指土壤剖面中砂、壤、黏质的不同土层相互重叠的关系。土壤各级土粒（包括单粒和复粒等）因不同的原因相互团聚形成大小、形状和性质不同的土团、土块或土片，称为土壤结构体。常见的有屑粒、微团粒、团粒、块状、核状、柱状、棱柱状以及片状等结构体。土壤结构是影响土壤水、肥、气、热协调性的主要因素，是反映耕地质量的重要指标。

土体构型对于土壤水分、养分的运行关系极为密切。按照土壤发育层次，保肥供肥、保水供水性能以及通透性和耕种性，可将全市耕地土壤分为如下 6 个主要土体构型。

1. 薄层型

此种土壤土层较薄，厚度在 30～60cm。主要是发育在山区残坡积母质上的土壤，也有一部分是人工堆垫、灌淤形成的土壤。面积大约为 863. 31hm²，分布在山区丘陵区各县。薄层型土壤的共同特点是：土层浅薄，质地粗糙，多含有数量不等的砾石，保水保肥能力较差，容易变旱。由于土体薄，影响作物根系深扎，作物产量普遍较低。

2. 上紧下松型

面积为 15 953. 53hm²，主要是河流冲积以及洪冲积形成的土壤。分布在平原各县。

它的特点是：上层多为轻壤，少部分为中壤，而在 20cm 或 50cm 以下出现 30cm 或 60cm 以上的砂土层，漏水漏肥，易受旱和脱水早衰。

3. 上松下紧型

此种土壤是由于河流及复冲积、覆盖而形成的土壤。面积 181 472. 07hm^2，分布于各县。上松下紧型土壤的特点是：表层有 20～50cm 的轻壤，少部分为砂壤，下面有一层 30cm 或 60cm 以上的黏质土壤做底，这种土壤上轻下重，表土为轻壤，疏松多孔耕性好，水肥气热协调。心土底土有黏土间层，保肥托水，又防地下水上升地表，使盐分不能上升到耕层，具有良好的排盐蓄水特性，为既发小苗又发老苗的高产稳产土壤。

4. 海绵型

面积 266 303. 53hm^2。它主要发育在黄土状洪冲积母质上。是本区分布最广的土型，其土斑也比较大。均质型土壤的特征，是通体轻壤或心土底土夹有砂壤或中壤不超过一级质地的土层，质地比较均一、土体深厚、土质不砂不黏，通透性好，保水保肥，水肥气热协调，适宜各种作物生长。

5. 松散型

是指土体砂质或砂壤质，土质松散的土壤类型。主要是河流冲积的河漫滩、河故道、砂丘和风砂土形成的土壤，面积 43 460. 97hm^2。它的特征是整个土体松散、透水性强、漏水漏肥，肥力较低，作物易早衰，是“养小不养老”的土型。

6. 紧实型

面积 57 348. 28hm^2，多分布在深泽、辛集、赵县、晋州、栾城等河流冲积物上的河间洼地、坡地、凹岸以及黄土状洪冲积母质上。紧实型土壤的特征是：土质较重，通体为中壤和黏土；或表土为中壤，土体有夹层或底黏。通气透水差，保肥保水力强，排水困难，土性冷。有机质分解慢，自然肥力较高，而有效性较低，前劲小，后劲足。湿时泥泞干时硬，耕性差，不耐涝。经过培肥改良土壤性态，可以建成高产田。

7. 夹层型

面积 8 326. 81hm^2，夹层型土壤的特征是：砂加黏或黏夹砂，砂黏层次适当相间，既透水透气又保水保肥，对温度、养分调节有促进作用。

此外，荒地土壤的土体构型主要有三种，第一是属于均质型的一部分棕壤、山地草甸土、淋溶褐土等土壤，土层虽然较厚，但海拔较高不能耕种。第二是属于中薄层型的含砾较多的土壤。第三是属于疏松型的河流故道及河漫滩上通体砂质的土壤。

第二节　中低产田类型及改良利用措施

一、沙土改良型

（一）面积及分布

全市沙土改良型中低产田面积 23 985.77hm^2。沙土改良型主要分布于新乐、辛集、灵寿、平山、井陉等县（市）。

（二）主要障碍因素及存在问题

（1）此型多沙丘、沙岗，地势起伏不平。

（2）表层质地偏轻，多为沙或沙壤，部分为轻壤。1m 土体内多沙层，保水保肥能力差。

（3）养分含量比较低。

（4）风蚀严重。

（三）改良利用措施

此区域存在部分耕层含沙量太高及土体下部含砂太高的问题，使土壤的保肥保水能力很低，影响作物的生长。因此应改变土壤固体部分矿物颗粒的泥沙比例，增厚活土层，创造良好的土体构造，这是客土改土的实际内容，通过调剂土壤的物质状态，即在增加土壤矿物质的同时，又改善了土壤孔隙度，有利于调整土壤水、气、热状况，进而提高土壤养分的有效化，增强土壤保水、保肥和供水、供肥性能，促使土壤水、肥、气、热协调，提高土壤肥力，从而使土壤发小苗又发老苗。对于耕层含砂量太高的土壤采取“四泥六砂”的土质比例进行改造，在耕层掺加好土进行合理改造。对于土体下部含砂太高的漏肥漏水耕地改造，采取对土壤下部进行砂土替换，用好土替换下部的砂土，替换厚度一般在 50cm 为宜，从而提高土壤的保肥保水能力，提高土壤的生产能力。另外，要采取增施有机肥、测土配方施肥、合理轮作等措施。

1. 客土改造

对耕层含砂量太高的土壤，采取“四泥六沙”的土质比例进行改造；对土体下部含砂量太高的漏水漏肥耕地，可采用好土替换下部砂土的办法进行改造，替换厚度一般 50cm 为宜。

2. 增施有机肥

通过增施有机肥改善土壤结构，增强土壤的保水保肥能力，提高土壤肥力。

3. 推广测土配方施肥技术

通过测土配方施肥技术的推广应用，补充土壤中的养分供应，实现土壤的养分平衡。

4. 合理轮作

通过合理的作物轮作，达到调整土壤的养分供应能力，实现作物高产。

二、瘠薄培肥型

（一）面积及分布

全市瘠薄培肥型中低产田面积 3 826. 17hm^2。主要分布于石家庄市晋州、辛集、灵寿、平山等县（市）。

（二）主要障碍因素及存在问题

该土壤的主要问题是水土流失严重、土壤粗骨、土层薄、养分含量低、保水保肥性差。

（三）改良利用措施

（1）加强土地平整，增加土壤涵水能力。

（2）修筑梯田，加固堤堰，防止冲刷。

（3）开发水源，节约用水，扩大水浇地面积。

（4）增施有机肥，扩种绿肥，培肥地力。

（5）调整农作物布局，发展旱作农业。

（6）搞好多种经营，发展烟草、中药材生产。

三、干旱灌溉型

（一）面积与分布

该类型中低产田面积 51 693. 00hm^2，大部分集中在西部低山丘陵区淋溶褐土、褐土性土、粗骨土等土壤类型区域。涉及县（区）有井陉、藁城、赞皇、元氏等县（区）。

（二）主要障碍因素及存在问题

1. 土壤高程高、灌溉条件差

灌溉改良型中低产田土壤质地多为轻壤，通透性好，但高程高、土层薄，光热水资源条件较好，难于打井和灌溉。条件较好的田块养分含量较高，土层深厚，土壤肥沃。

2. 春旱严重

由于石家庄市雨水 80%在 7—8 月，而春天播种期出现“掐脖旱”，低山丘陵区地下水位较低，靠近河流的区域可借助河水灌溉播种，而西部山区只能进行“雨养”农业，适合种植抗旱性豆科杂粮作物。

（三）改良利用措施

（1）对于已具备一定灌溉条件的地块，发展节水灌溉工程，充分利用有限的水资源，努力提高灌溉水平，提高农田灌水的保证率。

（2）没有灌溉条件的地块，大力发展集水设施或引水灌溉，充分利用地上水资源。

（3）因地制宜，增施有机肥，培肥土壤，采取深耕深松技术提高土壤保水保肥能力。

（4）推广旱作农业技术，冬前翻耕、镇压保墒，选用抗旱良种或种植豆科杂粮作物。

（5）高程较高难于耕种的区域建议发展果树等经济林。

第六章　耕地资源合理利用的对策与建议

第一节　耕地资源数量与质量变化的趋势分析

一、耕地资源数量变化趋势

1. 耕地绝对数量呈缓慢减少趋势

随着社会经济发展和城镇化进程的加快，石家庄市耕地数量呈逐年减少趋势，且年递减率呈逐年加大趋势。当前和今后一段时期将是石家庄市经济与城镇化发展较快的时期，一些国家项目建设、集体建设和农民自建将占用一定面积耕地。据统计，石家庄市每年新增占地中一半以上占用的是耕地，且主要是城镇周围和交通沿线的地势平坦、水源充足、耕地质量高、长期投入积累多的肥沃农田；乡村住宅建设大幅度增长，建房用地比改革开放前扩大了近一倍，大量农田被占用，从而影响农村经济社会的可持续发展。

其在空间上的变化规律为：距离市区越近的地区，城镇化进程较快、耕地面积减少越迅速；距离市区远的地区，城镇化进程较慢，耕地面积减少速率相对较慢。同时，石家庄市耕地后备资源空间分布不均，与占地空间分配不匹配。即平原区耕地后备资源不足，但占用较多；山区耕地后备资源较充足，但占用较少，土地整理新增加的耕地数量无法弥补非农用占地的数量。因此，耕地数量仍呈缓慢减少趋势。

2. 耕地资源人均占有率呈明显下降趋势

从耕地与人口变化统计资料可以看出，石家庄耕地面积持续减少，而人口数量则持续增加，二者变化趋势刚好相反。据统计，1949 年全市耕地面积 68. 28 万 hm^2，人均耕地 0. 192hm^2；1982 年全市耕地面积 65. 68 万 hm^2，人均耕地 0. 112hm^2；2010 年全市耕地面积 57. 90 万 hm^2，人均耕地 577m^2；2016 年全市耕地面积 58. 39 万 hm^2，人均耕地 486m^2，远低于全省平均水平，在联合国粮农组织所规定的人均耕地 0. 08hm^2 的警戒线之下。从未来人口变化趋势来看，2010 年石家庄市常住人口为 1 017. 5 万人，按照第五次、第六次全国人口普查数据计算，近 10 年间人口年平均增长率为 0. 84%，而石家庄市 2010 年的人口增长率为 0. 67%。预期人口增长率将处于平稳略有下降趋势。因此，今后全市人均耕地数量将逐步趋向稳定，耕地总量实现动态平衡。全市建设占用耕地必须得到严格控制，以保证耕地总量平衡有余。

二、耕地质量变化趋势

耕地是由自然土壤发育而成的，但并非任何土壤都可以发育成为耕地。能够形成耕地的土地需要具备可供农作物生长、发育、成熟的自然环境。具备一定的自然条件：(1) 必须有平坦的地形；(2) 必须有相当深厚的土壤，以满足储藏水分、养分，供作物根系生长发育之需；(3) 必须有适宜的温度和水分，以保证农作物生长发育成熟对热量和水量的需求；(4) 必须有一定的抗拒自然灾害的能力；(5) 必须达到在选择种植最佳农作物后，所获得的劳动产品收益，能够大于劳动投入，取得一定的经济效益。凡具备上述条件的土地经过人们的劳动可以发展成为耕地。这类土地称为耕地资源。

石家庄市不同时期粮食作物产量与施肥量变化情况如表 6-1 所示。从表中可以看出，1980—2016 年，石家庄市施肥量和产量都有很大提高，随着施肥量的增加，耕地质量不断提高，粮食生产能力也不断提高。从各县市区调查结果来看，石家庄市耕地土层深厚，土地肥沃，立地条件较好，配套设施完善，旱涝保收耕地面积占比大，耕地质量整体较好，呈缓慢提升的趋势。

表 6-1　石家庄市不同时期粮食作物产量与施肥量变化情况　　(kg/亩)

年份	作物亩产			施肥量			
	冬小麦	夏玉米	总计	氮肥	磷肥	钾肥	复合肥
1981	306.0	333.0	16.49	15.00	1.00	0.00	0.49
1986	289.8	334.4	18.92	12.40	4.23	0.15	2.14
1998	440.0	466.1	51.57	30.80	8.86	2.56	9.35
2000	441.5	481.7	53.85	32.11	9.06	2.67	10.02
2010	413.0	485.9	59.80	33.14	10.07	3.34	13.25
2016	460.0	465.0	61.44	31.96	9.58	3.35	16.54

从粮食单产来看，1982 年全市小麦单产 297kg/亩，玉米单产 332kg/亩；1990 年小麦单产为 348kg，玉米单产 370kg/亩；2011 年全市小麦单产 455kg/亩，玉米单产 511kg/亩，2016 年全市小麦单产 460kg/亩，玉米单产 465kg/亩。2016 年与 1982 年相比，小麦单产增 168kg/亩，增加 56.6%，玉米单产增 133kg/亩，增加 40.1%；小麦单产年均递增 1.66%，玉米单产年均递增 1.18%。粮食产量增加的背后是耕地质量的全面提升。

从肥料投入来看，1982 年全市肥料投入以有机肥投入为主，化肥投入较少，化肥投入中以氮磷肥为主，每亩耕地投入化肥 59.4kg (实物量)；至 1990 年代初，全市秸秆多被焚烧，造成耕地有机肥投入不足，而化肥投入较 1982 年有所增加，每亩耕地化肥投入 62. 72kg（实物量），由于有机肥投入不足，因而造成部分县市耕地有机质含量出现了小幅度下降，耕地质量呈短暂下降趋势；近年来历经几年测土配方施肥项目推广实施，“有机无机搭配，氮磷钾配比，中微量元素配合”的科学施肥理念被农民普遍接受，年秸秆还田面积达 1 000 万亩左右，氮磷钾科学配比，中微量元素合理搭配施肥技术在全市普及应用，种养有机结合，耕地质量逐年提升。

三、耕地养分变化趋势

耕地养分含量的高低，对农作物产量起着决定性的作用。从 1982 年至今 30 多年间，石家庄耕地养分有了较为明显的变化，各养分含量呈较为明显的上升趋势，耕地质量等级也有了明显的提升。

1. 有机质变化趋势

2017 年石家庄市耕地有机质含量平均为 21. 18g/kg，较 2011 年有机质含量平均 17. 74g/kg 提高 3. 44g/kg，较 1990 年耕地有机质平均含量 13. 8g/kg 提高 7. 38g/kg，较 1982 年全市有机质平均含量 11. 50g/kg 提高 9. 68g/kg。全市有机质含量等级也有了较为明显的提高，耕地等级以 2、3 级为主，占 61. 69%；1、2 级地大面积涌现，5 级地面积逐年减少，全市耕地有机质含量呈整体上升趋势。

2. 有效磷变化趋势

2017 年石家庄市耕地有效磷含量平均为 28. 06mg/kg，较 2011 年有效磷含量平均 29. 24mg/kg 降低 1. 18mg/kg，较 1982 年耕地有效磷含量 7. 22mg/kg 提高 20. 84mg/kg；较 1990 年耕地有效磷含量平均 13. 32mg/kg 提高 14. 74mg/kg，年均递增 0. 53mg/kg，1、2 级地面积比重大增，4、5 级地面积比重下降，全市有效磷含量提升明显，与农业磷肥投入增加，施肥科学合理有关。

3. 速效钾变化趋势

与全氮、有效磷等养分相比，石家庄市耕地速效钾变化不大。1982 年全市耕地速效钾含量为 110. 3mg/kg，为富钾区，农业上钾肥的应用多用于蔬菜，大田作物应用较少。至 1990 年，全区耕地速效钾含量平均为 96. 7mg/kg，较 1982 年下降 13. 6mg/kg，速效钾含量呈下降趋势，与钾肥长期投入不足，农业掠夺式生产方式有直接关系。1990 年代末，随着秸秆还田、增钾技术及配方施肥技术的普及实施，石家庄市耕地速效钾含量开始逐年上升。到 2017 年，全市速效钾含量为 130. 95mg/kg，较 2011 年全市速效钾含量 116. 8mg/kg 提高 14. 15mg/kg，较 1982 年提高 20. 65mg/kg。全市耕地速效钾等级提升明显，2 级地开始涌现，3 级地面积占 61. 69%左右，以中南部县（市）含量较高，西北部山区县（市）含量较低。

总体来看，石家庄市当前耕地土壤质地适中，土体结构良好，地势平坦，土壤肥沃。但是，随着气候、生产条件、耕作方式的演变和农作物产量的提高以及农业投入品数量、品种的增加，土壤养分也会随之发生变化。科学施肥，合理耕作，使土壤养分含量变化处于人为可控范围内，最大限度地发挥着其增产增收作用。

第二节　耕地资源利用面临的问题

一、耕地资源利用现状

（一）耕地数量和质量

1. 土地面积

至 2016 年年底，石家庄市总土地面积 15 848km^2。

2. 耕地数量

到 2016 年年末，耕地面积 58.39 万 hm^2，人均耕地 0.048 7hm^2。基本农田保护面积 49.67 万 hm^2，有效灌溉面积 48.00 万 hm^2，占全市耕地总面积的 82.20%。

3. 耕地质量

在所有耕地中，高产田（亩产量在 600kg 以上）面积 37.02 万 hm^2，占总耕地面积的 64.5%；中产田（亩产量在 500~600kg）12.37 万 hm^2，占耕地总面积的 21.6%；低产田（亩产量在 500kg 以下）面积为 7.98 万 hm^2，占总耕地面积的 13.9%。中低产田比重较大，升级改造任务重。

（二）耕地利用情况

2016 年农作物总播种面积 99.90 万 hm^2。

1. 粮食作物

播种面积 73.75 万 hm^2。其中，小麦播种面积 31.92 万 hm^2，玉米播种面积 32.18 万 hm^2，豆类作物播种面积 1.614 万 hm^2，薯类作物播种面积 1 887hm^2。

2. 蔬菜瓜果

播种面积 16.93 万 hm^2。其中，蔬菜及食用菌播种面积 16.202 万 hm^2，瓜果播种面积 7 327hm^2。

3. 经济作物

播种面积6.70万hm^2。其中，棉花播种面积5 653hm^2，花生播种面积5.39万hm^2。

二、耕地资源利用面临的问题

1. 耕地资源总量和人均耕地占有量不足

石家庄市地处华北平原带，市域跨太行山地和华北大平原两大地貌单元，地貌类型复杂多样，中山、低山、丘陵、盆地、平原兼备，由井陉县西南边缘中山、低山向东下降为丘陵，而后由一系列山麓坡积裙和洪积扇共同组成山麓坡积洪积平原，自此以后，逐渐过渡为洪积冲积扇平原。山地与平原面积比51∶49。

2016年末石家庄耕地总面积为58.39万hm^2，人均耕地面积0.048 7hm^2，低于联合国粮农组织制定的0.08hm^2/人的警戒线。随着社会经济发展，人口的持续增加，耕地资源总量减少趋势不可逆转，且年递减率逐年加大。因此，加大耕地资源保护，是当前经济发展任务之首。

2. 耕地资源区域分布不均衡

石家庄市耕地分布呈现明显的地域差异，耕地资源主要集中在东部、南部平原地区。平原区地势平坦、水热充足、土壤肥沃，耕地质量最高，配套设施完善，占石家庄耕地总面积的60.9%；太行山丘陵地占全市总耕地面积的39.1%，丘陵区地势起伏较大，宜耕性较差，机械化程度低，如2011年平原县藁城粮食亩产为533kg，山区县井陉粮食亩产仅为299kg。同时耕地资源分布还与县域经济发展水平和城镇化进程速度有直接关系，经济发展快，城镇化程度高，耕地资源占用多，且后备资源不足，补充少；反之，则耕地占用较少，尤其是山区县（市），耕地后备资源较为充足，补充较好。

3. 耕地利用重用轻养，土壤养分失调，制约耕地质量的提升

20世纪以前，石家庄市大田作物种植普遍存在重施氮肥，轻施磷钾、有机肥；重施大量元素，轻施微量元素；单质肥料施用普遍，复合肥料比例较低。同时随着蔬菜种植迅猛发展，大量、过量施肥现象严重，尤其是氮肥过量施入，造成部分菜地盐渍化，还对地下水产生潜在污染风险，降低了耕地土壤的可持续生产能力，造成全市耕地质量发展不平衡，整体质量不高。当前，随着测土配方施肥技术的实施，科学配比，合理施肥理念得到全面普及，对石家庄市耕地资源进行了科学评价，为耕地质量建设提供了科学依据。但也应看到，当前农业集约化程度低，一家一户分散耕种，以及种田者文化程度低、年龄大、积极性低等不利因素，制约着耕地质量的提升和可持续发展。

4. 土壤污染造成耕地生产能力下降

石家庄部分县（市、区）存在不同程度的耕地污染问题，一是农业生产中化肥、农药和农膜等农用化学品的过量和不合理使用，利用效率低，残留严重。如 2016 年石家庄市化肥施用总量（折纯）、农药使用量、地膜使用量分别为 485 349t、1 224 8t 和 3 166t，农药、化肥和农膜的使用量呈逐年上升趋势，无疑使耕地产生污染风险加大，对耕地质量建设产生负面影响。二是工业“三废”对耕地造成的污染更为严重，且难以修复，特别是近年来乡镇企业发展较快，污染物排放量日益增大，且废物处理率不高，对耕地危害较大。如 2010 年石家庄市废水年排放量达 1. 92 亿 t，废渣年排放量约 1 567. 62 万 t，废水废渣处理利用率在 95%以上，但未经处理利用的废水废渣仍对耕地有潜在污染风险。三是生活废弃物和畜禽粪便等对耕地造成的污染。随着养殖业的快速发展，一些未做有效、完全处理的畜禽粪便也会对土壤造成污染。

5. 耕地后备资源严重不足，且新增（补充复垦）耕地质量低

未利用土地面积小，耕地后备资源少。随着社会的不断发展，耕地资源呈逐年下降趋势，且与经济发展速度、城镇化进程等因素呈负相关。土地不可再生，占用耕地后的补充、复垦土地资源越来越少，平原区严重不足，山区县复垦资源较充足，但复垦难度大，培育改良时间长。即便开垦农用，由于自身质量差、开垦后极易引起风蚀、沙化、水土流失和次生盐渍化等问题，肥力低下，产量明显低于正常用地，难以弥补由于耕地减少导致的粮食减产的亏缺。

第三节　种植业合理布局

一、种植业布局现状

中华人民共和国成立 70 年来，石家庄市农业生产发生了巨大的变化，特别是 20 世纪 80 年代初，实行以家庭联产承包为主要内容的农村双层经营体制以来，随着农业科学技术的发展，优良作物品种的应用，农业技术的推广，农民对化肥增产作用的认识提高，农产品价格的变化以及农业种植结构的调整，农产品的种植结构和布局发生了巨大的变化。进入 21 世纪后，随着农业种植结构的调整，绿色小杂粮、无公害蔬菜生产表现出了强劲发展势头。

二、种植业布局面临的问题

虽然全市农作物布局结构逐步趋于优化，取得了比较明显的成效，但由于受体制机制、经济利益、市场变化、政策支持力度等诸多因素的影响，仍然存在区域布局不尽合理，基础设施脆弱，社会化服务相对滞后、产业化组织化水平低等问题。

1. 区域布局仍待进一步优化

主要问题是种植业的规模优势发挥不够，原有区域种植业功能定位和发展目标已不完全适应新时期农业发展的需要。农产品市场竞争力不够强，优势农产品之间竞争，水土资源的矛盾逐步显现，增加了主要农产品结构平衡的压力。

2. 农业基础设施脆弱，抗御防御自然灾害能力弱

农田水利设施虽然有了较大改善，但仍有 5. 88 万 hm^2 的耕地无灌溉条件，不能满足现代农业的需求，多处万亩灌区农田节水灌溉还有巨大潜力可挖，农产品交易、仓储、物流等基础设施建设不配套，滞后于农业生产发展。

3. 农业社会化服务体系相对滞后

公益性服务体系运行举步唯艰，基层农技推广服务体系改革不到位。农业技术推广手段落后单一，且单项技术多，集成配套技术少，成果转化为生产力的效率低，经营性服务组织发育程度低、服务能力有限。特别是专业合作营销组织不发达，产销衔接不紧密，品牌多杂乱，主要优势产品品牌不突出，运销服务、质量标准、标识包装等方面与发达国家和地区存在较大差距。

4. 产业化、组织化水平不高

产业化企业规模小、带动能力弱，与农民资本连接、服务支持、利益共享等一体化关系不完善，带动农户增收能力有限。农民专业合作组织和行业协会数量少、规模小、不稳定的发展格局仍未根本改变，在政策传递、科技服务、信息沟通、产品流通等方面的作用尚未充分发挥。农业小生产与大市场的矛盾依然突出，抵御市场风险的能力仍然较弱。

5. 农业扶持政策尚不完善

现有支农资金总量仍然不足，难以满足发展需要。优势产业发展的政策性金融支持力度不够，合作金融、民间金融发展滞后，农村金融体系功能不健全、服务不到位；农业政策性保险制度还不完善，农业风险分担机制尚未完全建立。政府引导、农民主体、多方参与的优势农产品产业带建设长效机制尚未形成。

三、农业布局分区建议

不同的土壤、不同的肥力、不同的环境条件适合不同的作物种植。按照因地制宜、趋利避害、扬长避短的原则，合理调整种植结构和作物布局，对合理利用资源、提高经济效益、增加农民收入、保护生态环境有着重要意义。因此，我们依据耕地的实际情况，提出了石家庄市耕地资源合理配置建议。

1. 划分原则

（1）统筹规划，协调发展　依据各县（市、区）自然资源状况、经济社会发展水平和粮食生产基础条件，确定不同类型地区的建设重点，进一步优化粮食生产布局。加快粮食生产核心区建设，构建优势明显、集中连片、高产稳产的小麦、玉米、优质杂粮等产业带。优先选择自然条件优越、农业基础好的平原地区，其次考虑中西部山前平原以及河谷地区，同时结合石家庄市13个县（市）入选国家“新增千亿斤粮食生产能力规划”建设项目以及石家庄市农业综合开发土地治理“十三五”规划项目，划定基本粮食生产保护区。

（2）突出重点，高产优先　充分考虑区域间的比较优势，依据不同县（市）区的粮食生产能力制定规划，突出单产优势，突显粮食主产区功能。适应现代农业发展的要求，强化农业科技支撑力量，充分挖掘增产潜力，以高产粮食产区为主，打造优质小麦、玉米、杂粮等产业集群，形成各地分工明确、特色突出的种植业发展格局。

（3）集中连片，带动周边　充分考虑粮食主产区现有生产条件、基础设施、科技推广等因素，选取集中连片区域，便于统一供种、实施测土配方施肥及病虫害防治等，以增强辐射带动作用，实现持续增产。

（4）承袭传统，抓好瓜菜生产　充分考虑全市各县（市、区）的种植传统，因地制宜发展蔬菜和瓜果生产，逐步形成有特色的优势瓜菜集中产区。

2. 布局与范围

粮食保护区规划充分考虑石家庄市现有农田分布、农村和城市居民生活需求、农业基础设施建设状况以及社会经济条件等，采取点、线、面相结合的方式进行布局，形成以自给为主的西部山前平地粮田保护带，以满足石家庄市民需求为主的都市农业粮田保护圈和以满足国家商品粮需求的东部平原粮田保护带。

（1）以自给为主的西部山前平地粮田保护带　石家庄市西部以山地为主，由于该区域资源承载能力有限，属于生态环境脆弱地区和重要生态功能保护区，关系到华北地区的生态安全，粮食生产主要以满足当地居民生活需求为主。井陉县（含矿区）、平山县、灵寿县粮食保护区主要分布于小面积的山前平地以及部分山坳，粮食保护区占总面积的比例相对较小。行唐县、鹿泉区、元氏县、赞皇县西部也以山地为主，农田土壤侵蚀比平原地区大，另外有部分地区缺少灌溉条件。因此，行唐、鹿泉、元氏、赞皇四县（市、区）的粮食保护区多集中分布在东侧地势较低的地区，另有少部分位于西部河谷地区，主要用于特色杂粮生产。

（2）以满足市民需求为主的中部都市农业粮田保护圈　以新乐市、正定县、栾城区、高邑县为代表的中部地区，位于京广铁路沿线，属太行山山前平原，处于省会核心经济圈，农业发展基础较好。其中在靠近石家庄主城区域的栾城区、藁城区、鹿泉区、正定县，以蔬菜、花卉、园艺等服务城市的都市型农业为主，远郊地区则以粮食生产为主，充分发挥现有农业基础设施的作用，建立大面积优质高产粮食主产区。位于北部的新乐市和南部的高邑县，灌溉条件相对较好，地势起伏不大，适宜建成优质小麦、玉米等粮食保护区。

（3）以满足国家商品粮需求的东部平原粮田保护带　东部的辛集市、藁城区、晋州市、赵县、无极县、深泽县6县（市、区）以平原为主，资源环境承载能力强，经济和人口聚集条件好，农业基础设施完备，属于粮食保护区建设的重点区域。东部6县（市、区）粮食保护区面积占整个石家庄市粮食保护区面积的一半，其中藁城区、赵县、辛集市均超过3万 hm^2，与另外三县（市）共同打造石家庄市东部地区优质、高产小麦、玉米主产区。

（4）蔬菜布局逐步优化　全市将形成以藁城为主的设施甜椒，以无极、高邑为主的设施黄瓜，以藁城、正定为主的设施番茄，以灵寿为主的食用菌，以新乐为中心的西瓜，以辛集、无极为中心的韭菜，以藁城、深泽为中心的大蒜，以栾城为中心的草莓等九大特色优势瓜菜集中产区，有6个县把蔬菜产业作为首选主导产业，种植面积在6 667hm^2 左右的县（市）有11个，有效地带动了全市蔬菜产业的发展，区域化蔬菜生产格局基本形成。

第四节　耕地资源合理利用的对策与建议

耕地是不可再生资源，保护耕地就是保护我们的生命线。当今世界，随着经济建设和社会事业的发展，可持续发展已成为我国经济和社会发展的基本战略，农业可持续发展是实现经济可持续发展的基础，而耕地资源的可持续利用又是农业和整个国民经济实现持续发展的关键。针对石家庄市耕地资源面临的问题、严峻的人地矛盾形势，石家庄市政府高度重视，根据石家庄市土地利用现状和发展规划，确定了未来土地利用的基本原则：以中央有关土地保护的指示精神为指针，贯彻落实“十分珍惜、合理利用每一寸土地，切实保护耕地”的基本国策；开发与节约并举，加大复垦开发整理力度，耕地资源合理利用以提高全市耕地资源利用率；协调耕地占补关系，合理安排各业占用耕地，贯彻耕地总量动态平衡和土地利用可持续发展两大主体战略，把“一要吃饭，二要建设”的土地利用基本方针落实到实处，坚持土地利用和经济、社会、生态效益的统一。坚持以农民增收、农业增产、社会增益为目标，以调整农业产业结构，合理使用化肥、农药为手段，通过种养结合，科学培肥，有效监管，提高耕地的综合生产能力，实现耕地资源的有效配置，维护并改善农业环境，实现农业可持续发展。为国民经济持续、稳定、协调发展提供良好的土地条件。

一、提高认识，加大耕地资源保护的宣传力度

“十分珍惜和合理利用每寸土地，切实保护耕地”是我国土地利用的一项基本国策，应通过电视、广播、报纸、网络等大众媒体，加大保护耕地资源的宣传力度，增强公民的土地忧患意识，树立耕地资源的生态保护观念，提高耕地质量建设和可持续发展利用的认识。通过对《中华人民共和国土地管理法》《中华人民共和国土地管理法实施条例》《基本农田保护条例》《关于加强耕地保护和改进占补平衡的意见》等法律法规政策的宣传和落实，提高地方企业和公民的法律意识和法制观念，推进各项土地管理政策法规的普及教育。

二、开源节流，保持耕地数量动态平衡

严格控制非农建设占用耕地的数量和审批程序，应坚持耕地优先保护的原则，加强对非农建设占用耕地控制和引导，尽量不占或少占耕地，确需占用的应尽量占用低等级耕地，并在此基础上保证占用耕地和开发复垦相结合，做到占多少补多少，严禁“以质抵量”或“以量抵质”，确保耕地占补平衡。2018 年 9 月，中共石家庄市委、石家庄市人民政府出台《关于加强和改进耕地占补平衡管理的实施意见》，从改进耕地占补平衡管理、全面落实补充耕地任务、加大土地整治资金支持、全力推进高标准农田建设、强化保障措施、完善考核机制五个方面系统地提出了改进石家庄市耕地占补平衡现状的具体措施。此外，还应适量开发土地后备资源，补充耕地资源，确保耕地的保有量。应强化基本农田保护监管制度，通过建立基本农田警戒线来保护耕地资源，基本农田要逐级分解到市、县、乡，建立一条永远不可逾越的红线。

三、保护耕地生态环境，防治耕地质量退化

耕地的开发利用还要与整治保护相结合，不断改善耕地的生态环境，以保证耕地的可持续发展利用。石家庄市人均耕地面积少，耕地质量建设区间不平衡，部分地区生态环境脆弱，土壤受自然、人为因素影响，侵蚀、水土流失及污染等不利耕地质量建设的潜在风险因素较多，因此生产上应科学使用农药，避免使用剧毒或高残留农药，推广病虫草害的综合防治技术，化肥施用应根据作物需肥特性、土壤肥力以及目标产量进行科学施肥，推广测土平衡施肥技术，避免盲目超量施肥，提高肥料利用率。对于排放“三废”的污染企业，应进行合理布局，集中整治，对于设备工艺落后、生产效率低下、排污超标的企业严格取缔，严禁固体废弃物的乱堆、乱放，严禁使用污水灌溉。

四、培肥地力，加强中低产田改造

在当前人口数量不断增长，人均耕地面积不断减少的形势下，增加粮食单产是保障粮食安全的重要措施，而提高土壤的供肥能力是提高粮食单产的重要前提。近年来，石家庄市还以中低产田改造为重点，按照“田地平整肥沃，水利设施配套，田间道路畅通，林网建设适宜，科技先进适用，优质高产高效”的总体目标，采取农田水利建设、土地平整、提升土壤肥力、农技推广等综合措施建设旱涝保收、高产、高效型农田，打造粮食生产核心区。具体措施包括：推广农作物秸秆还田技术，广辟有机肥肥源，提高土壤有机质含量，改善土壤的物理性状；合理施用化肥，增加磷、钾用量，调整氮、磷、钾施用比例，推广测土配方施肥技术，增加复合肥施用比例，加快肥料控释技术研究与应用，科学补充适量微量元素；加快大中型灌区、排灌泵站配套改造，新建一批灌区，大力开展小型农田水利建设，增加农田有效灌溉面积；加强新增千亿斤粮食生产能力规划的田间工程建设，开展农田整治，完善机耕道、农田防护林等设施，加大农业水利工程建设，提高水浇地面积。大力发展节水灌溉农业，推广节水抗旱品种，减少地下水开采量；围绕设施农业，发展节水灌溉配套设施，积极推广管灌、滴灌、微灌、喷灌等先进节水技术，推广“水肥一体化”，提高水肥利用效率，实施蓄水工程，提高地表水的调蓄能力；改造污染农田，针对毒源进行相应的工程或生物修复，使土壤重金属或有毒物质降至许可范围之内，保证作物优质、高产。

五、优化农业产业结构，提高耕地资源利用效率

因势利导，综合地域、经济、耕地资源等因素，积极推进农业结构调整，发展优势产业。在稳定全市粮食种植面积的同时，积极发展优质粮食和高效经济作物；大力发展特色农业和生态循环农业，积极推进集约化农业技术发展。建设粮食主产区，加强农田水利和高标准农田建设；建设城郊观光农业区，充分利用耕地资源，做到最大效益产出；建设特色种植区，利用区域农业特色栽培优势，有新乐花生、西瓜、甜瓜，行唐大枣、杂粮，藁城蔬菜等特色栽培优势，实现农业增效、农民增收，加快农业产业化进程，提高农业产业化经营水平。

六、增强林果业综合实力

重点发展生态林业工程，重点完善绿化工程和农田林网建设水平，搞好农林复合经营工程，提高森林覆盖率，增加蓄积量，增强固碳能力。以生态保护为主导，加大水源涵养、地下水补给、地表水保护、水土保持、自然地质结构保护和生物多样性保护，加快发展无公害果品标准化生产技术，扩大种植规模，积极发展林果、蔬菜等生态观光农业。

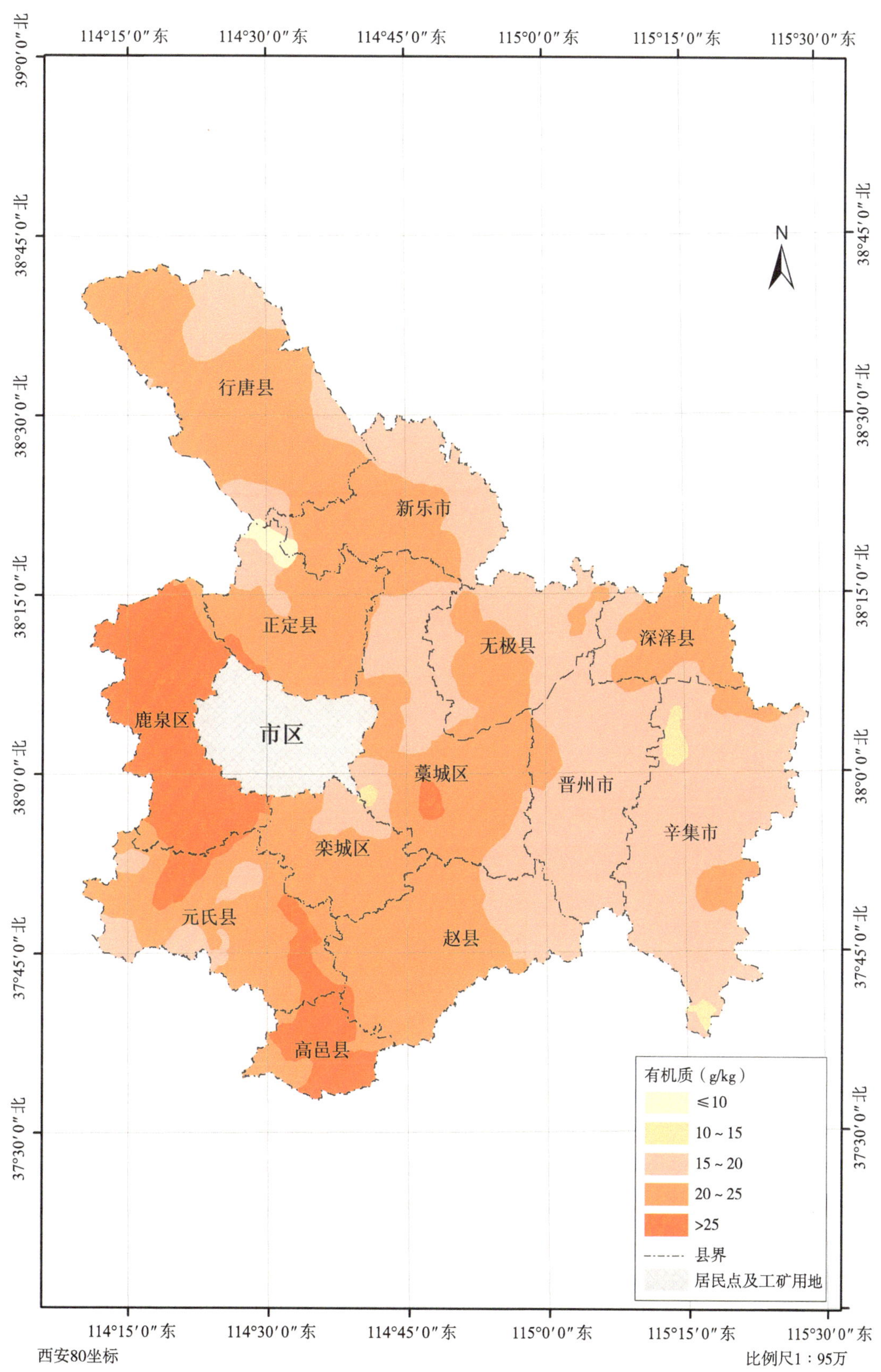

附图1　石家庄山前平原区有机质养分分布

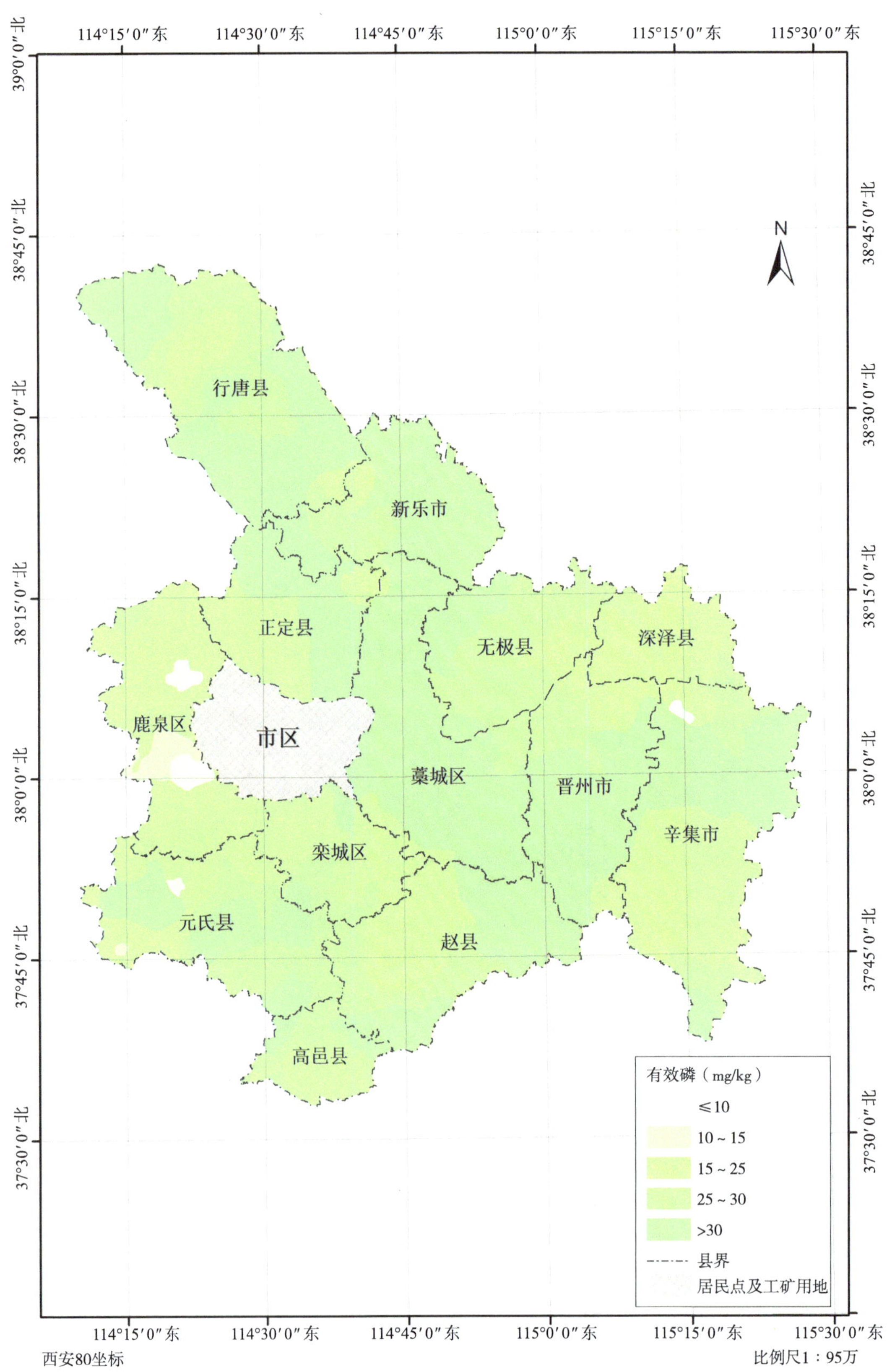

附图2　石家庄山前平原区有效磷养分分布

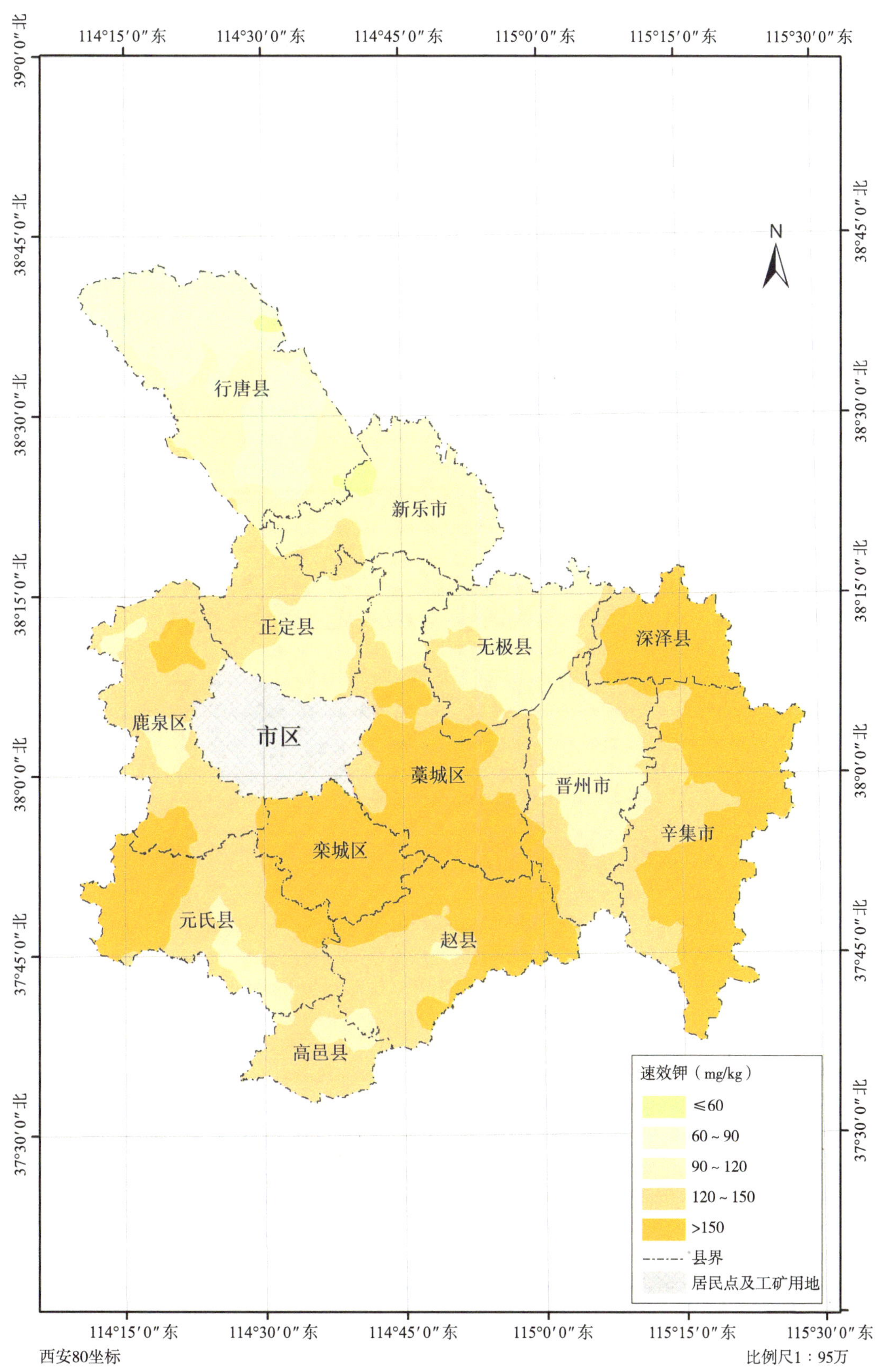

附图3 石家庄山前平原区速效钾养分分布

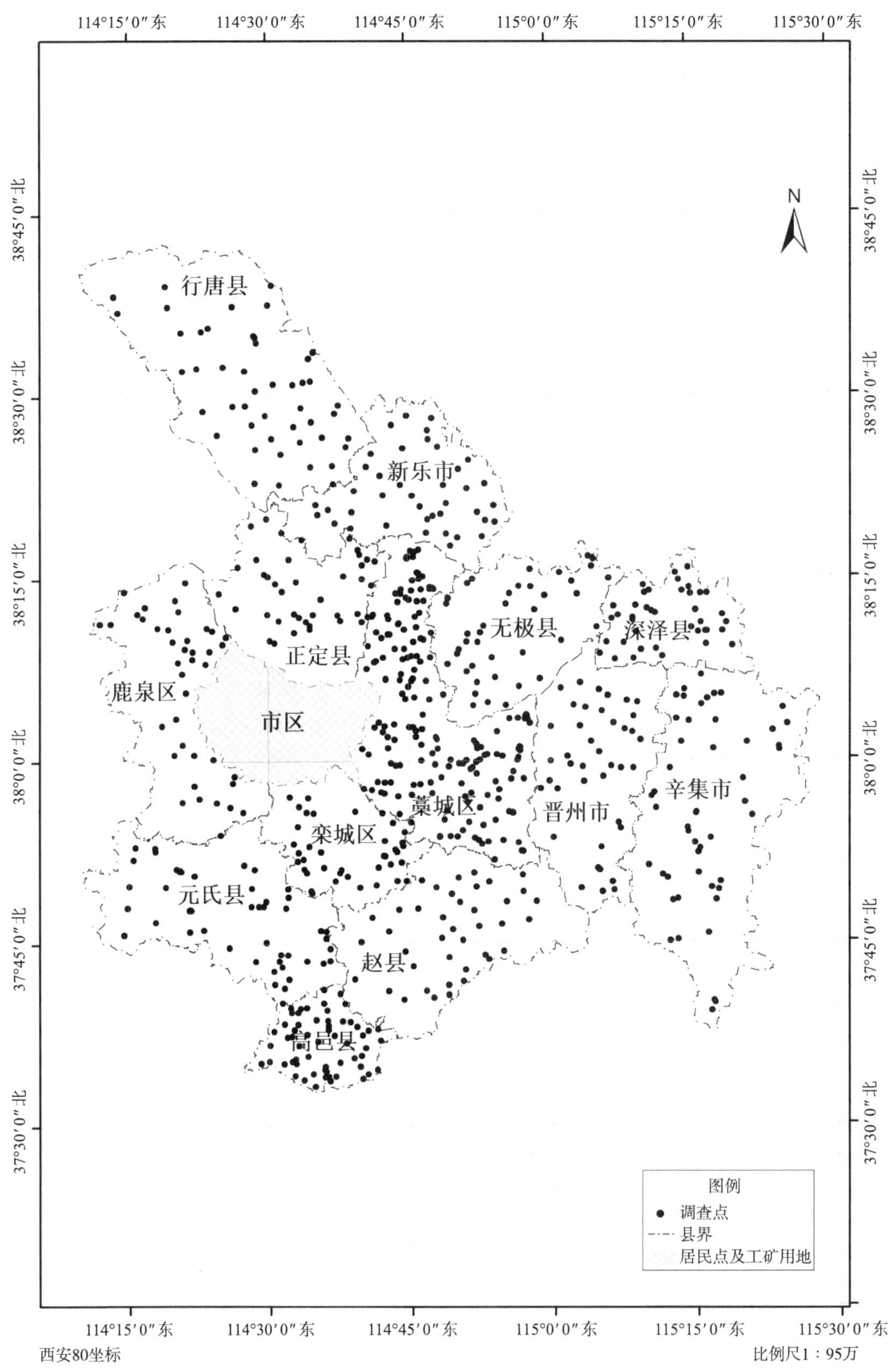

附图4　石家庄山前平原区耕地质量点位

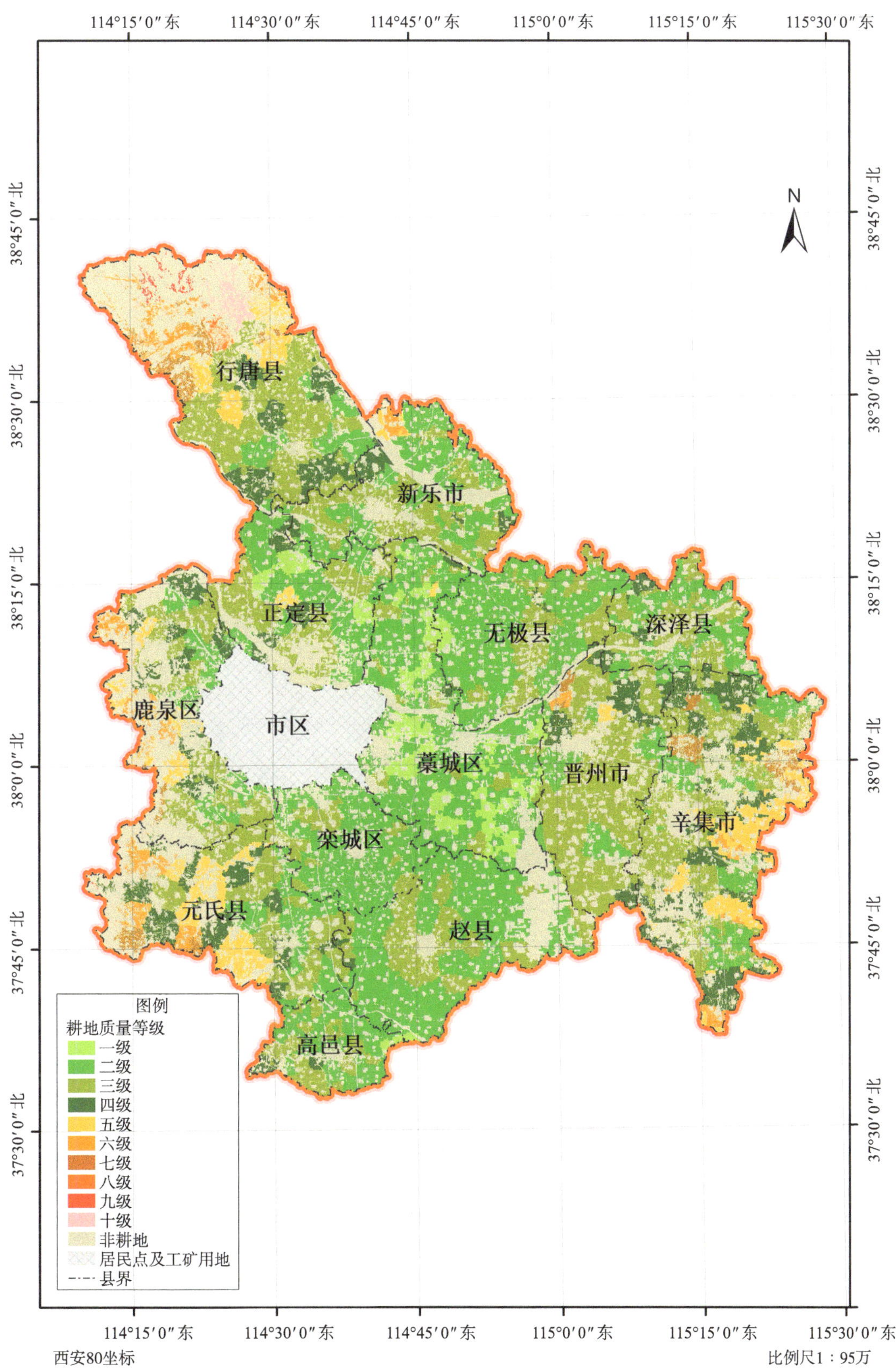

附图5 石家庄山前平原区耕地质量等级

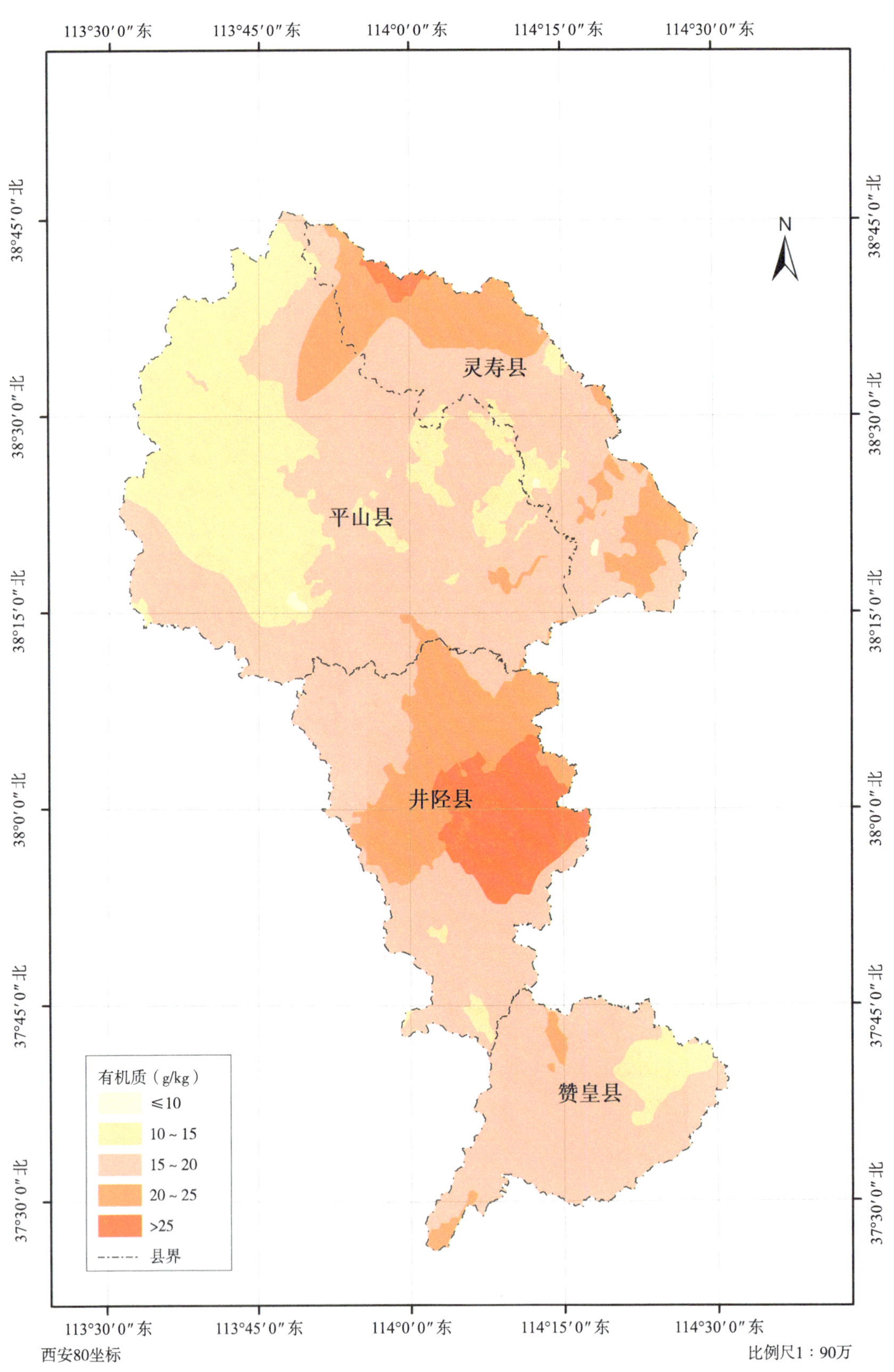

附图6 石家庄山地丘陵区有机质养分分布

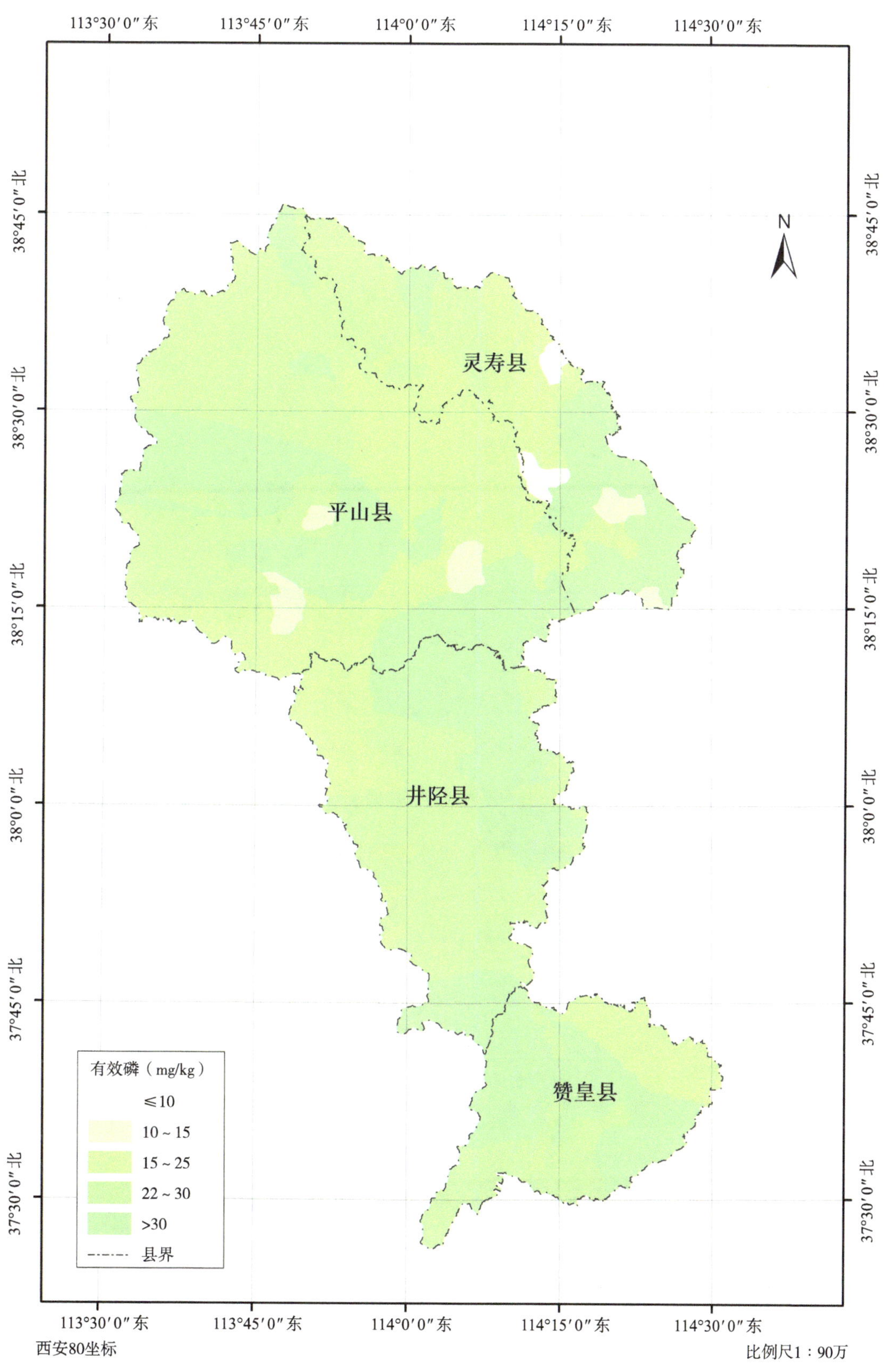

附图7 石家庄山地丘陵区有效磷养分分布

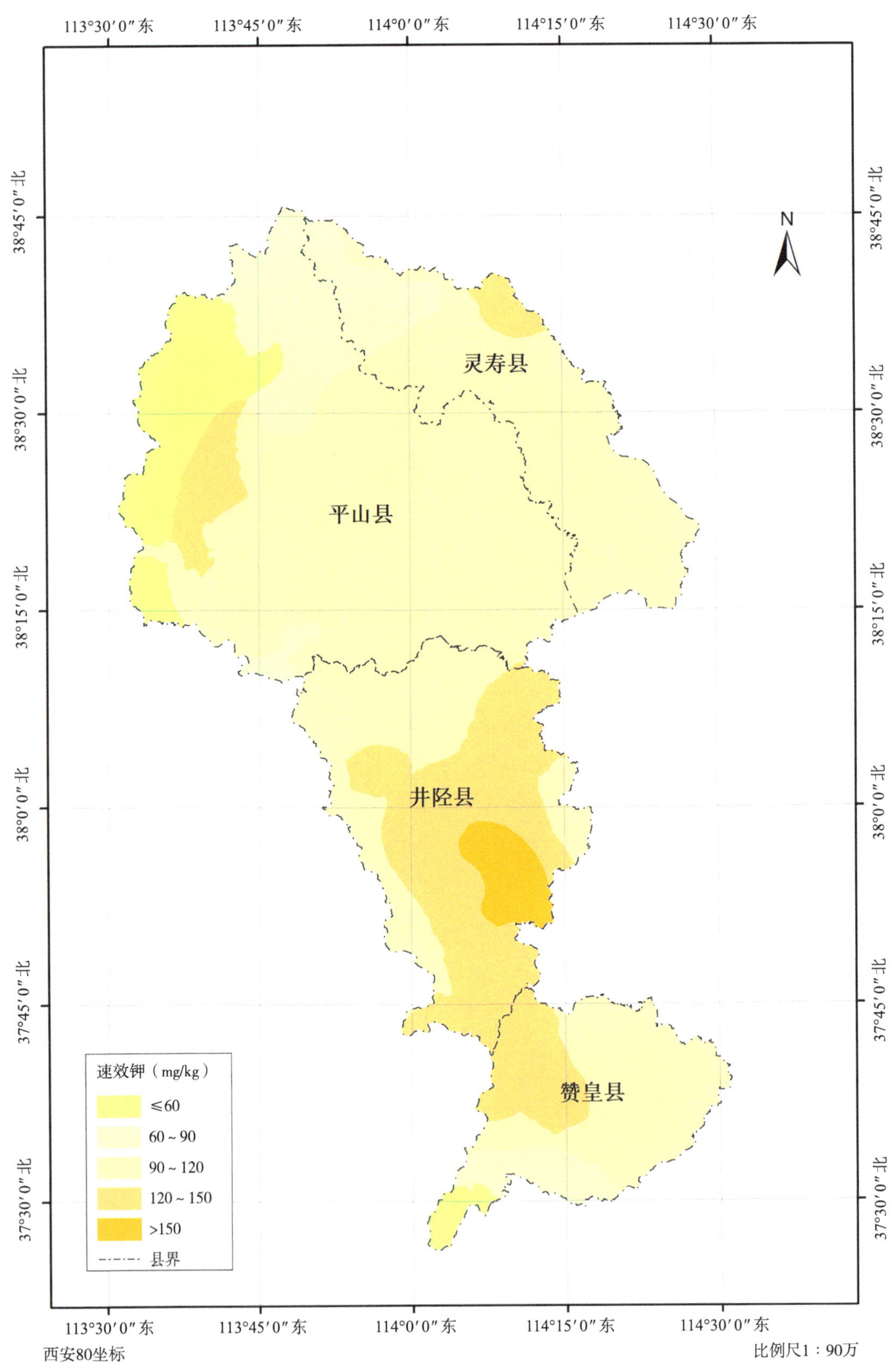

附图8 石家庄山地丘陵区速效钾养分分布

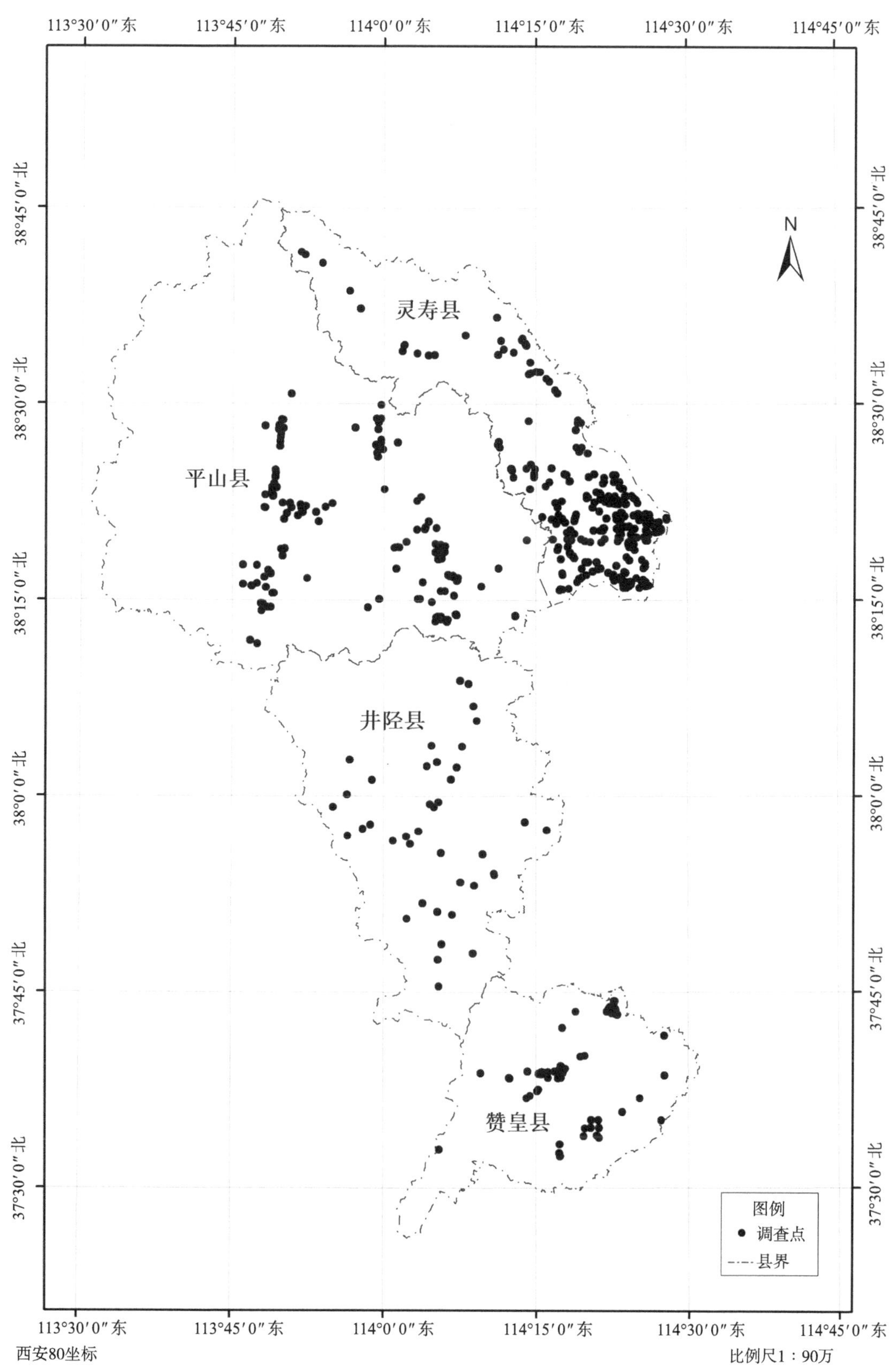

附图9　石家庄山地丘陵区耕地质量点位

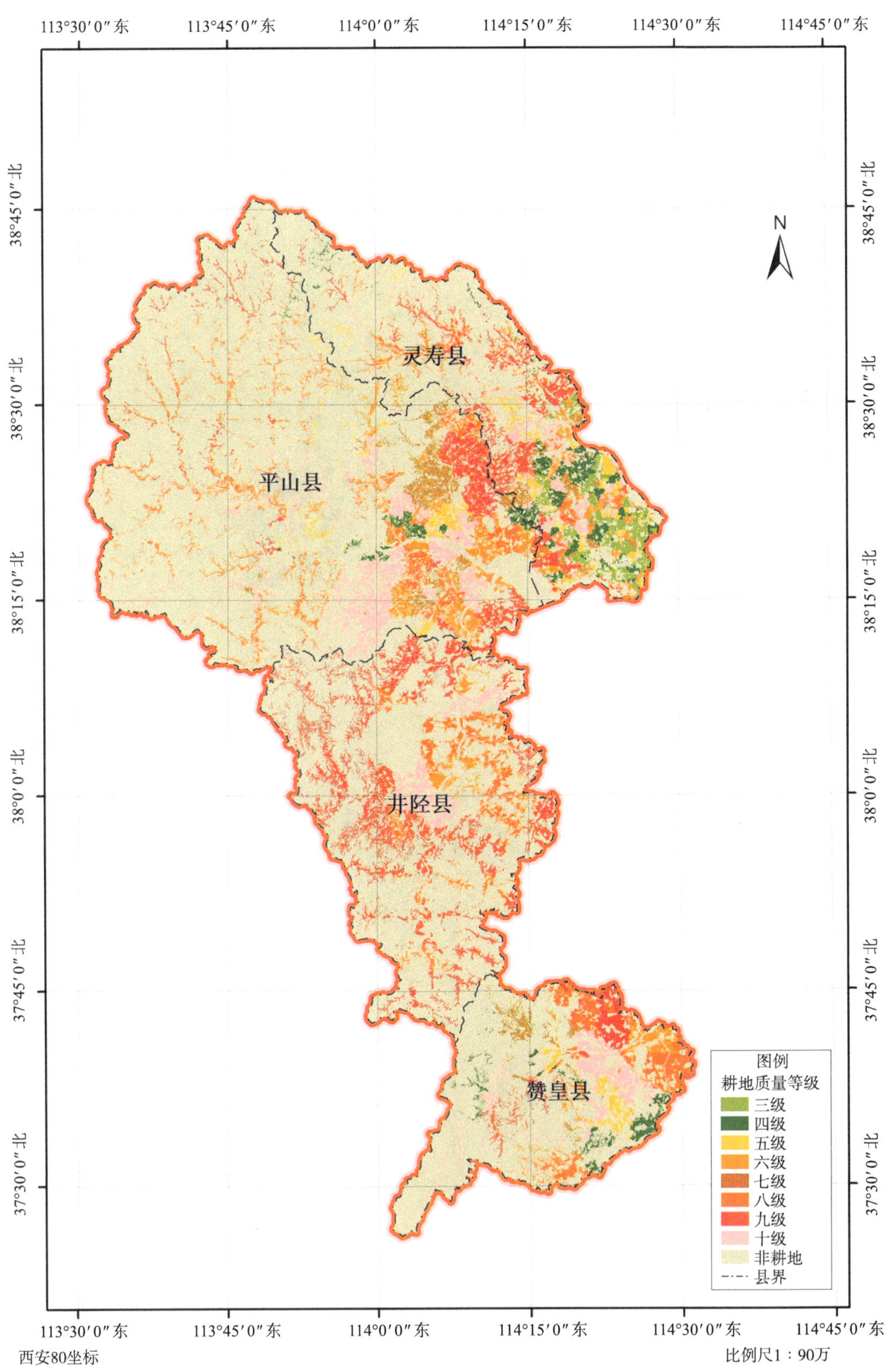

附图10　石家庄山地丘陵区耕地质量等级